# Sous Vide 2023

Scopri il Metodo per una Cottura Precisa e Gustosa

Marco Branca

# Sommario

Involtini di granchio al limone e aglio divini ............................................. 9
Speziare il polpo carbonizzato con salsa al limone ..................... 11
Kebab creolo di gamberi ............................................................................... 13
Gamberi con salsa piccante ........................................................................ 15
Halibut con scalogno e dragoncello ....................................................... 16
Burro alle erbe Limone cod ......................................................................... 18
Auto della squadra con Beurre Nantais ................................................. 20
Salsiccia dolce e uva ...................................................................................... 22
Costolette dolci con salsa di mango ...................................................... 24
Braciole dolci e zucchine con mandorle ............................................. 26
Braciole di maiale fritte con paprika e mais ....................................... 28
Filetto di maiale cremoso al cognac ...................................................... 30
Cosce di maiale al pomodoro con carote ........................................... 32
Braciola di maiale con salsa al caffè speziata .................................... 34
Filetto piccante .................................................................................................. 36
Deliziose braciole di maiale con funghi .............................................. 37
Crema di Pancetta e Zuppa di Mais ........................................................ 39
Spiedini di maiale al cumino e aglio ..................................................... 41
Ottime braciole di maiale al balsamico ................................................ 43
Cavolo rosso e patate con salsiccia ........................................................ 44
Filetto di maiale alle mandorle ................................................................. 46
Bella salsa verde di maiale .......................................................................... 48
Costolette di maiale piccanti al cocco .................................................. 50
Succose costolette per barbecue ............................................................ 52

Filetto di maiale all'aglio .................................................................... 54
Filetto di maiale salato al timo e aglio ................................................ 55
Braciole di maiale con salsa di funghi ................................................ 57
Salsicce di mele dolci .......................................................................... 59
Tacos di maiale all'arancia dolce ........................................................ 60
Carnitas messicane di maiale con salsa Roy ..................................... 62
Tacos di pollo al peperoncino e chorizo con formaggio ................. 64
Carne di pollo con verdure ................................................................. 66
Pollo al miele leggermente piccante .................................................. 68
Classico cordon bleu di pollo ............................................................. 70
Pollo croccante fatto in casa .............................................................. 72
Petti di pollo piccanti .......................................................................... 74
Involtini di lattuga salati con pollo allo zenzero e peperoncino 76
Petti di pollo aromatici al limone ....................................................... 78
Pollo alla senape e aglio ..................................................................... 80
Un pollo intero .................................................................................... 81
Deliziose ali di pollo con salsa di bufala ............................................ 82
Deliziose cosce di pollo con salsa agrodolce .................................... 83
Petto di pollo con salsa cajun ............................................................. 85
Petto di pollo Sriracha ........................................................................ 86
Pollo al prezzemolo con salsa al curry .............................................. 87
Petto di pollo glassato al parmigiano ................................................ 88
Pollo tritato con pomodorini .............................................................. 89
Stufato di pollo con funghi ................................................................. 90
Il petto di pollo No-Sear più semplice .............................................. 92
Cosce di pollo all'arancia .................................................................... 93
Pollo al timo con limone ..................................................................... 95

Insalata di pollo alla paprika ............ 96
Un pollo intero ............ 98
Cosce di pollo piccanti semplici ............ 100
alette di pollo "Buffalo ............ 101
Polpette Di Pollo Sminuzzate ............ 103
Cosce di pollo con purea di carote ............ 105
Pollo al limone con menta ............ 107
Pollo con marmellata di ciliegie ............ 108
Cosce di pollo piccanti dolci ............ 109
Petti di pollo ripieni ............ 111
Pollo fresco ............ 113
Cosce di pollo alla mediterranea ............ 115
Petto di pollo con salsa harissa ............ 116
Pollo all'aglio con funghi ............ 117
Cosce di pollo con verdure ............ 119
Budino di pollo con cuori di carciofi ............ 121
Zucca al burro di mandorle e insalata di pollo ............ 123
Insalata di pollo e noci ............ 125
Costolette di vitello al pepe con funghi di pino ............ 127
Costolette di vitello ............ 129
Vitello speziato al Porto ............ 130
Vitello Portobello ............ 132
Sugo di vitello ............ 134
Fegato di vitello di Digione ............ 136
Costolette di agnello alla africana con albicocche ............ 138
Costolette di agnello tritate con noci ............ 140
Carrè di agnello marinato in senape e miele ............ 142

Polpette di agnello con salsa allo yogurt ............ 144
Riso alla spalla di agnello piccante ............ 146
Bistecche di agnello al peperoncino ricoperte di semi di sesamo ............ 148
Agnello dolce con salsa di senape ............ 149
Agnello alla menta e limone ............ 151
Costolette di agnello al limone con salsa chimichurri ............ 153
Stinco di agnello con verdure e salsa dolce ............ 155
Spezzatino di pancetta e agnello ............ 157
Costolette di agnello al limone e pepe con chutney di papaya 159
Spiedini di agnello piccanti ............ 161
Agnello alle erbe con verdure ............ 163
Carré di agnello all'aglio ............ 165
Carrè di agnello incrostato di erbe ............ 167
Famosi spiedini di agnello e ciliegie sudafricani ............ 170
Peperone e curry di agnello ............ 172
Formaggio di capra Costolette di agnello ............ 174
Spalla di agnello ............ 176
Agnello arrosto jalapeño ............ 178
Costolette di agnello alla griglia con timo e salvia ............ 180
Costolette di agnello con chimichurri al basilico ............ 182
Spiedini di agnello Harissa salati ............ 184
Maiale alla senape dolce con cipolle croccanti ............ 186
Deliziose braciole di maiale al basilico e limone ............ 188
Costolette con salsa cinese ............ 190
Stufato di maiale e fagioli ............ 192
Sminuzzare le costine di maiale ............ 194

Costolette di maiale al balsamico ....................................................... 195
Costolette di maiale disossate con salsa di cocco e arachidi .... 197
Filetto di maiale al lime e aglio ......................................................... 199
Costolette di maiale alla griglia ........................................................ 201
Filetto d'acero con mela fritta ......................................................... 202
Pancia di maiale alla paprika affumicata ....................................... 204
Maiale Tacos Carnitas ........................................................................ 205
Delizioso maiale con glassa di senape e melassa ........................ 206
Collo di maiale fritto .......................................................................... 208
Costolette di maiale ........................................................................... 210
Costolette di maiale al timo ............................................................. 211
Polpette di maiale ............................................................................... 212
Braciole di salvia e sidro ................................................................... 213
Filetto al rosmarino ........................................................................... 215
Pancetta alla paprika con cipolline ................................................ 216
Braciole di maiale al pomodoro con purè di patate .................... 217

# Involtini di granchio al limone e aglio divini

Tempo di preparazione + cottura: 60 minuti | Porzioni: 4

ingredienti

4 cucchiai di burro

1 chilogrammo di polpa di granchio bollita

2 spicchi d'aglio, tritati

Scorza e succo di ½ limone

½ tazza di maionese

1 finocchio, tritato

Sale e pepe nero a piacere

4 rotoli divisi, oliati e tostati

## Manuale di istruzioni

Preparare un bagnomaria e metterci dentro il Sous Vide. Impostare a 137 F. Unire aglio, scorza di limone e 1/4 di tazza di succo di limone. Mettere la polpa di granchio in un sacchetto sigillabile sottovuoto con il composto di burro e limone. Rilasciare l'aria utilizzando il metodo di spremitura dell'acqua, sigillare e immergere il sacchetto in un bagno d'acqua. Cuocere per 50 minuti.

Quando il timer si ferma, rimuovi il sacchetto e trasferiscilo in una ciotola. Scartare i succhi di cottura. Unire la polpa di granchio con il restante succo di limone, maionese, finocchio, aneto, sale e pepe. Riempire gli involtini con la miscela di polpa di granchio prima di servire.

# Speziare il polpo carbonizzato con salsa al limone

Tempo di preparazione + cottura: 4 ore 15 minuti | Porzioni: 4

## ingredienti

5 cucchiai di olio d'oliva

Tentacoli di polpo da 1 libbra

Sale e pepe nero a piacere

2 cucchiai di succo di limone

1 cucchiaio di scorza di limone

1 cucchiaio di prezzemolo fresco tritato

1 cucchiaino di timo

1 cucchiaio di paprika

## Manuale di istruzioni

Preparare un bagnomaria e metterci dentro il Sous Vide. Impostare a 179 F. Tagliare i tentacoli in pezzi medi. Condire con sale e pepe. Mettere le lunghezze in un sacchetto sottovuoto con olio d'oliva. Rilasciare l'aria utilizzando il metodo di spremitura dell'acqua, sigillare e immergere il sacchetto in un bagno d'acqua. Cuocere per 4 ore.

Quando il timer si ferma, togliere il polpo e asciugarlo con un canovaccio. Scartare i succhi di cottura. Cospargere di olio d'oliva sopra.

Riscaldare la griglia a temperatura media e friggere i tentacoli per 10-15 secondi su ciascun lato. Accantonare. Mescolare bene il succo di limone, la scorza di limone, la paprika, il timo e il prezzemolo. Adagiare sopra il polpo con la salsa al limone.

# Kebab creolo di gamberi

Tempo di preparazione + cottura: 50 minuti | Porzioni: 4

ingredienti

Scorza e succo di 1 limone
6 cucchiai di burro
2 spicchi d'aglio, tritati
Sale e pepe bianco a piacere
1 cucchiaio di condimento creolo
1 chilo e mezzo di gamberetti
1 cucchiaio di aneto fresco macinato + per la decorazione
Fette di limone

Manuale di istruzioni

Preparare un bagnomaria e metterci dentro il Sous Vide. Impostare a 137F.

Sciogli il burro in una casseruola a fuoco medio e aggiungi l'aglio, le spezie creole, la scorza e il succo di limone, sale e pepe. Cuocere per 5 minuti fino a quando il burro si sarà sciolto. Mettere da parte e lasciare raffreddare.

Metti i gamberi con il composto di burro in un sacchetto sigillabile sottovuoto. Rilasciare l'aria utilizzando il metodo di spremitura dell'acqua, sigillare e immergere il sacchetto in un bagno d'acqua. Cuocere per 30 minuti.

Quando il timer si ferma, rimuovere i gamberi e asciugarli con un tovagliolo di carta. Scartare i succhi di cottura. Servire i gamberi in cima e guarnire con aneto e una spruzzata di limone per servire.

# Gamberi con salsa piccante

Tempo di preparazione + cottura: 40 minuti + tempo di raffreddamento | Porzioni: 5

## ingredienti

2 chili di gamberetti, sbucciati e sgranati
1 tazza di passata di pomodoro
2 cucchiai di salsa di rafano
1 cucchiaino di succo di limone
1 cucchiaino di salsa tabasco
Sale e pepe nero a piacere

## Manuale di istruzioni

Preparare un bagnomaria e metterci dentro il Sous Vide. Impostare su 137 F. Mettere i gamberi in un sacchetto sottovuoto. Rilasciare l'aria utilizzando il metodo di spremitura dell'acqua, sigillare e immergere il sacchetto nella vasca da bagno. Cuocere per 30 minuti.

Quando il timer si ferma, rimuovere il sacchetto e trasferirlo in un bagno di acqua ghiacciata per 10 minuti. Lasciar riposare in frigorifero per 1-6 ore. Mescolare bene la passata di pomodoro, la salsa di rafano, la salsa di soia, il succo di limone, la salsa tabasco, sale e pepe. Servire i gamberi con la salsa.

# Halibut con scalogno e dragoncello

Tempo di preparazione + cottura: 50 minuti | Porzioni: 2

## Ingredienti:

2 chili di filetti di halibut

3 rametti di foglie di dragoncello

1 cucchiaino di aglio in polvere

1 cucchiaino di cipolla in polvere

Sale e pepe bianco a piacere

2 cucchiaini e mezzo + 2 cucchiaini di burro

2 scalogni, sbucciati e tagliati a metà

2 rametti di timo

Fette di limone per la decorazione

## Indicazioni:

Creare un bagno d'acqua, metterlo nel Sous Vide e impostare a 124 F. Tagliare il filetto di halibut in tre pezzi e strofinare con sale, aglio in polvere, cipolla in polvere e pepe. Metti i filetti, il dragoncello e 2 cucchiaini e mezzo di burro in tre sacchetti sottovuoto separati. Rilasciare l'aria utilizzando il metodo di spremitura dell'acqua e sigillare i sacchetti. Mettili a bagnomaria e fai bollire per 40 minuti.

Quando il timer si ferma, rimuovi e apri i sacchetti. Mettete la padella a fuoco basso e aggiungete il resto del burro. Dopo il riscaldamento, rimuovere la pelle del pollock e asciugarla. Aggiungere l'ippoglosso con lo scalogno e il timo e friggerli finché non diventano croccanti sopra e sotto. Decorare con fettine di limone. Servire con verdure al vapore.

# Burro alle erbe Limone cod

Tempo di preparazione + cottura: 37 minuti | Porzioni: 6

## ingredienti

8 cucchiai di burro
6 filetti di merluzzo
Sale e pepe nero a piacere
Scorza di ½ limone
1 cucchiaio di aneto fresco macinato
½ cucchiaio di erba cipollina fresca tritata
½ cucchiaio di basilico fresco tritato
½ cucchiaio di salvia fresca tritata

## Manuale di istruzioni

Preparare un bagnomaria e metterci dentro il Sous Vide. Riscaldare a 134 F. Condire il merluzzo con sale e pepe. Mettere il baccalà e la scorza di limone in un sacchetto sottovuoto.

Mettere il burro, metà dell'aneto, l'erba cipollina, il basilico e la salvia in un sacchetto sottovuoto separato. Rilasciare l'aria utilizzando il metodo di spremitura dell'acqua, sigillare e immergere entrambi i sacchetti in un bagno d'acqua. Cuocere per 30 minuti.

Quando il timer si ferma, rimuovere il merluzzo e asciugarlo con un tovagliolo di carta. Scartare i succhi di cottura. Rimuovere il burro dalla seconda busta e versarlo sul merluzzo. Decorare con l'aneto rimanente.

# Auto della squadra con Beurre Nantais

Tempo di preparazione + cottura: 45 minuti | Porzioni: 6

Ingredienti:

Cernia:

2 libbre di uva, tagliata in 3 parti

1 cucchiaino di cumino in polvere

½ cucchiaino di aglio in polvere

½ cucchiaino di cipolla in polvere

½ cucchiaino di coriandolo in polvere

¼ tazza di condimento per pesce

¼ tazza di olio di noci pecan

Sale e pepe bianco a piacere

Beurre Blanc:

1 libbra di burro

2 cucchiai di aceto di mele

2 scalogni, tritati

1 cucchiaino di pepe tritato

5 once di panna,

Aggiungi sale a piacere

2 rametti di aneto

1 cucchiaio di succo di limone

1 cucchiaio di zafferano in polvere

## Indicazioni:

Crea un bagno d'acqua, mettici dentro il Sous Vide e impostalo a 132 F. Condisci i pezzi d'uva con sale e pepe bianco. Mettere in un sacchetto sigillabile sottovuoto, rilasciare l'aria utilizzando il metodo di spremitura dell'acqua, sigillare e immergere il sacchetto in un bagno d'acqua. Impostare il timer per 30 minuti. Mescolare cumino, aglio, cipolla, coriandolo e condimento per il pesce. Accantonare.

Nel frattempo preparate il beurre blanc. Metti la padella a fuoco medio e aggiungi lo scalogno, l'aceto e il pepe. Bollire per fare uno sciroppo. Ridurre il fuoco e aggiungere il burro, mescolando continuamente. Aggiungere l'aneto, il succo di limone e lo zafferano in polvere, mescolare continuamente e cuocere per 2 minuti. Aggiungere la panna e aggiungere il sale. Cuocere per 1 minuto. Spegnere il fuoco e mettere da parte.

Quando il timer si ferma, rimuovi e apri il sacchetto. Mettere una padella a fuoco medio, aggiungere l'olio di noci pecan. L'uva e le spezie vengono essiccate con una miscela di spezie e fritte in olio riscaldato. Servire uva e beurre nantais con spinaci al vapore.

# Salsiccia dolce e uva

Tempo di preparazione + cottura: 1 ora e 20 minuti | Porzioni: 4

## ingredienti

2 tazze e mezzo di uva bianca snocciolata con i gambi rimossi
1 cucchiaio di rosmarino fresco tritato
2 cucchiai di burro
4 salsicce italiane dolci intere
2 cucchiai di aceto balsamico
Sale e pepe nero a piacere

## Manuale di istruzioni

Preparare un bagnomaria e metterci dentro il Sous Vide. Impostare a 160F.

Mettere l'uva, il rosmarino, il burro e la salsiccia in un sacchetto sottovuoto. Rilasciare l'aria utilizzando il metodo di spremitura dell'acqua, sigillare e immergere il sacchetto in un bagno d'acqua. Cuocere per 60 minuti.

Quando il timer si ferma, togliere le salsicce e versare il sugo della zuppa e l'uva in una casseruola a fuoco medio. Versare l'aceto balsamico e cuocere per 3 minuti. Condire con sale e pepe.

Riscaldare la padella a fuoco medio e friggere le salsicce per 3-4 minuti. Servire con salsa e uva.

# Costolette dolci con salsa di mango

Tempo di preparazione + cottura: 36 ore 25 minuti | Porzioni: 4

## ingredienti

4 chilogrammi di costine di maiale

Sale e pepe nero a piacere

1 tazza di succo di mango

¼ tazza di salsa di soia

3 cucchiai di miele

1 cucchiaio di pasta di peperoncino e aglio

1 cucchiaio di zenzero macinato

2 cucchiai di olio di cocco

1 cucchiaino di cinque spezie cinesi in polvere

1 cucchiaino di coriandolo macinato

## Manuale di istruzioni

Preparare un bagnomaria e metterci dentro il Sous Vide. Impostare a 146F.

Condire le costine con sale e pepe e metterle in un sacchetto sottovuoto. Rilasciare l'aria utilizzando il metodo di spremitura dell'acqua, sigillare e immergere il sacchetto in un bagno d'acqua.

Cuocere per 36 ore. Quando il timer si ferma, rimuovi le costole e asciugale. Scartare i succhi di cottura.

Scaldare una pentola a fuoco medio e cuocere il succo di mango, la salsa di soia, il peperoncino, la pasta d'aglio, il miele, lo zenzero, l'olio di cocco, le cinque spezie e il coriandolo per 10 minuti fino a ebollizione. Condire le costine con la salsa. Trasferire su una teglia e cuocere per 5 minuti in un forno a 390 F.

# Braciole dolci e zucchine con mandorle

Tempo di preparazione + cottura: 3 ore 15 minuti | Porzioni: 2

ingredienti

2 filetti di maiale

Sale e pepe nero a piacere

3 cucchiai di olio d'oliva

1 cucchiaio di succo di limone appena spremuto

2 cucchiaini di aceto di vino rosso

2 cucchiaini di miele

2 cucchiai di olio d'oliva

2 zucchine di media grandezza, tagliate a listarelle

2 cucchiai di mandorle tostate

Manuale di istruzioni

Preparare un bagnomaria e metterci dentro il Sous Vide. Impostare a 138 F. Mettere il maiale stagionato in un sacchetto sigillabile sottovuoto. Aggiungere 1 cucchiaio di olio d'oliva. Rilasciare l'aria utilizzando il metodo di spremitura dell'acqua, sigillare e immergere il sacchetto in un bagno d'acqua. Cuocere per 3 ore.

Mescolare succo di limone, miele, aceto e 2 cucchiai di olio d'oliva. Condire con sale e pepe. Quando il timer si ferma, rimuovere la busta e gettare i succhi di cottura. Scaldare l'olio di riso in una padella a fuoco alto e friggere il maiale per 1 minuto su ciascun lato. Togliere dal fuoco e lasciare riposare per 5 minuti.

Per l'insalata, mescolare le zucchine con il condimento in una ciotola. Condire con sale e pepe. Trasferire il maiale in un piatto e servire con le zucchine. Decorare con le mandorle.

# Braciole di maiale fritte con paprika e mais

Tempo di preparazione + cottura: 1 ora e 10 minuti | Porzioni: 4

## ingredienti

4 braciole di maiale
1 peperoncino piccolo, a dadini
1 cipolla gialla piccola, a dadini
2 tazze di chicchi di mais surgelati
¼ tazza di coriandolo
Sale e pepe nero a piacere
1 cucchiaio di timo
4 cucchiai di olio vegetale

## Manuale di istruzioni

Preparare un bagnomaria e metterci dentro il Sous Vide. Impostare a 138 F. Cospargere la carne di maiale con sale e metterla in un sacchetto sigillabile sottovuoto. Rilasciare l'aria utilizzando il metodo di spremitura dell'acqua, sigillare e immergere il sacchetto in un bagno d'acqua. Cuocere per 1 ora.

Scaldare l'olio in una padella a fuoco medio e soffriggere le cipolle, i peperoni e il mais. Condire con sale e pepe. Mescolare il coriandolo e il timo. Accantonare. Quando il timer si ferma, rimuovere la carne di maiale e trasferirla in una padella calda. Friggere per 1 minuto su ciascun lato. Servire il maiale con le verdure arrostite.

# Filetto di maiale cremoso al cognac

Tempo di preparazione + cottura: 4 ore 50 minuti | Porzioni: 4

## ingredienti

3 chilogrammi di filetto di maiale disossato

Aggiungi sale a piacere

2 cipolle affettate sottilmente

¼ di tazza di cognac

1 bicchiere di latte

1 tazza di crema di formaggio

## Manuale di istruzioni

Preparare un bagnomaria e metterci dentro il Sous Vide. Impostare a 146 F. Condire il maiale con sale e pepe. Scaldare una padella a fuoco medio e friggere il maiale per 8 minuti. Accantonare. Mescolare la cipolla e soffriggere per 5 minuti. Aggiungere il cognac e portare a ebollizione. Lascia raffreddare per 10 minuti.

Mettere la carne di maiale, la cipolla, il latte e la panna in un sacchetto sottovuoto. Rilasciare l'aria usando il metodo della spremitura dell'acqua, chiudere e immergere in un bagno d'acqua. Cuocere per 4 ore. Quando il timer si ferma, rimuovere la carne di maiale. Mettere da parte, tenere al caldo. Scaldare la pentola e versarvi il sugo di cottura. Mescolare per 10 minuti fino a ebollizione. Condire con sale e pepe. Per servire, affettare il maiale e coprire con la salsa di panna.

# Cosce di maiale al pomodoro con carote

Tempo di preparazione + cottura: 48 ore 30 minuti | Porzioni: 4

## ingredienti

2 cosce di maiale
1 (14,5 once) può tagliare a dadini i pomodori con il succo
1 tazza di brodo di manzo
1 tazza di cipolla tritata finemente
½ tazza di finocchio tritato finemente
½ tazza di carote tritate finemente
Aggiungi sale a piacere
½ bicchiere di vino rosso
1 foglia di alloro

## Manuale di istruzioni

Preparare un bagnomaria e metterci dentro il Sous Vide. Impostare su 149 F. Rimuovere il grasso della pancia dal gambo e metterlo in un sacchetto sigillabile sottovuoto. Aggiungere il resto degli ingredienti, rilasciare l'aria usando il metodo della spremitura dell'acqua, sigillare e immergere il sacchetto a bagnomaria. Cuocere per 48 ore.

Quando il timer si è fermato, rimuovere la leva e gettare il foglio del cuscinetto. Prenota i succhi di zuppa. Metti lo stinco su una teglia e griglia per 5 minuti fino a doratura. Riscaldare la pentola a fuoco medio e aggiungere il sugo di cottura. Far bollire per 10 minuti fino a quando non si addensa. Versare la salsa sul maiale e servire.

# Braciola di maiale con salsa al caffè speziata

Tempo di preparazione + cottura: 2 ore 50 minuti | Porzioni: 4

## ingredienti

4 braciole di maiale con l'osso
1 cucchiaio di paprika in polvere
1 cucchiaio di caffè macinato
1 cucchiaio di zucchero di canna
1 cucchiaio di sale all'aglio
1 cucchiaio di olio d'oliva

## Manuale di istruzioni

Preparare un bagnomaria e metterci dentro il Sous Vide. Impostare su 146 F. Mettere la carne di maiale in un sacchetto sigillabile sottovuoto. Rilasciare l'aria utilizzando il metodo di spremitura dell'acqua, sigillare e immergere il sacchetto in un bagno d'acqua. Cuocere per 2 ore e 30 minuti.

Nel frattempo preparate la salsa mescolando bene la paprika in polvere, il caffè macinato, lo zucchero di canna e il sale all'aglio. Quando il timer si ferma, rimuovere la carne di maiale e asciugarla.

Versare la salsa sul maiale. Scaldare l'olio in una padella a fuoco alto e friggere la carne di maiale per 1-2 minuti su ciascun lato. Lasciare riposare per 5 minuti. Affettare il maiale e servire.

# Filetto piccante

Tempo di preparazione + cottura: 3 ore 15 minuti | Porzioni: 4

## Meingredienti

1 chilogrammo di filetto di maiale, affettato
Aggiungi sale a piacere
½ cucchiaino di pepe nero
3 cucchiai di pasta di peperoncino

## Manuale di istruzioni

Preparare un bagnomaria e metterci dentro il Sous Vide. Impostare a 146F.

Condire i filetti con sale e pepe e metterli in un sacchetto sottovuoto. Rilasciare l'aria utilizzando il metodo di spremitura dell'acqua, sigillare e immergere il sacchetto in un bagno d'acqua. Cuocere per 3 ore.

Quando il timer si ferma, rimuovere il maiale e spennellare con la pasta di peperoncino. Riscaldare la griglia a fuoco alto e grigliare il filetto per 5 minuti fino a doratura. Ti permette di rilasciarti. Tagliare il filetto a fette e servire.

# Deliziose braciole di maiale con funghi

Tempo di preparazione + cottura: 65 minuti | Porzioni: 2

## ingredienti

2 braciole di maiale con osso tagliate spesse
Sale e pepe nero a piacere
2 cucchiai di burro, freddo
4 once di funghi selvatici misti
¼ tazza di sherry
½ tazza di brodo di manzo
1 cucchiaino di salvia
1 cucchiaio di marinata di bistecca
Aglio tritato per guarnire

## Manuale di istruzioni

Preparare un bagnomaria e metterci dentro il Sous Vide. Impostato su 138F.

Condire la carne di maiale con sale e pepe e metterla in un sacchetto sottovuoto. Rilasciare l'aria utilizzando il metodo di spremitura dell'acqua, sigillare e immergere il sacchetto in un bagno d'acqua. Cuocere per 45 minuti.

Quando il timer si ferma, rimuovere la carne di maiale e asciugarla. Scartare i succhi di cottura. Scaldare 1 cucchiaio di burro in una padella a fuoco medio e scottare il maiale per 1 minuto su ciascun lato. Trasferire in un piatto e mettere da parte.

Cuocere i funghi nella stessa padella calda per 2-3 minuti. Mescolare lo sherry, il brodo, la salvia e la marinata di bistecca fino a quando la salsa non si addensa. Aggiungere il burro rimanente e condire con sale e pepe; Mescolare bene. Per servire, versare la salsa sul maiale e guarnire con l'erba cipollina all'aglio.

# Crema di Pancetta e Zuppa di Mais

Tempo di preparazione + cottura: 1 ora e 15 minuti | Porzioni: 4

## ingredienti

4 spighe di grano, chicchi rasati

4 cucchiai di burro

1 bicchiere di latte

1 foglia di alloro

Sale e pepe bianco a piacere

4 fette di pancetta, cotte fino a renderle croccanti

2 cucchiai di erba cipollina tritata

## Manuale di istruzioni

Preparare un bagnomaria e metterci dentro il Sous Vide. Impostato su 186F.

Mescolare i chicchi di mais, il latte, le pannocchie, 1 cucchiaio di sale, 1 cucchiaio di pepe bianco e le foglie di alloro. Mettere in un sacchetto sottovuoto. Rilasciare l'aria utilizzando il metodo di spremitura dell'acqua, sigillare e immergere il sacchetto in un bagno d'acqua. Cuocere per 1 ora.

Quando il timer si ferma, rimuovi il sacchetto e rimuovi la pannocchia e l'alloro. Mettere il composto in un frullatore in modalità purea per 1 minuto. Se vuoi una consistenza diversa, aggiungi un po' di latte. Condire con sale e pepe. Guarnire la porzione con pancetta ed erba cipollina.

# Spiedini di maiale al cumino e aglio

Tempo di preparazione + cottura: 4 ore 20 minuti | Porzioni: 4

ingredienti

1 chilogrammo di spalla di maiale disossata, a cubetti
Aggiungi sale a piacere
1 cucchiaio di noce moscata macinata
1 cucchiaio di aglio tritato
1 cucchiaino di cumino
1 cucchiaino di coriandolo
1 cucchiaino di aglio in polvere
1 cucchiaino di zucchero di canna
1 cucchiaino di pepe nero appena macinato
1 cucchiaio di olio d'oliva

## Manuale di istruzioni

Preparare un bagnomaria e metterci dentro il Sous Vide. Impostare a 149 F. Condire il maiale con sale, aglio, noce moscata, cumino, coriandolo, pepe e zucchero di canna e metterlo in un sacchetto sigillabile sottovuoto. Rilasciare l'aria utilizzando il metodo di spremitura dell'acqua, sigillare e immergere il sacchetto in un bagno d'acqua. Cuocere per 4 ore.

Riscaldare la griglia a fuoco alto. Quando il timer si ferma, rimuovere la carne di maiale e trasferirla sulla griglia. Cuocere per 3 minuti fino a doratura.

# Ottime braciole di maiale al balsamico

Tempo di preparazione + cottura: 3 ore 20 minuti | Porzioni: 2

## ingredienti

2 braciole di maiale

Sale e pepe nero a piacere

1 cucchiaio di olio d'oliva

4 cucchiai di aceto balsamico

2 cucchiaini di rosmarino fresco, tritato

## Manuale di istruzioni

Preparare un bagnomaria e metterci dentro il Sous Vide. Impostare a 146F.

Condire la carne di maiale con sale e pepe e metterla in un sacchetto sottovuoto. Rilasciare l'aria usando il metodo della spremitura dell'acqua, chiudere e immergere in un bagno d'acqua. Cuocere per 3 ore. Quando il timer si ferma, rimuovere la carne di maiale e asciugarla.

Scaldare l'olio d'oliva in una padella e friggere le costolette per 5 minuti fino a quando non saranno dorate. Aggiungere l'aceto balsamico e portare a ebollizione. Ripeti per 1 minuto. Impiattare e guarnire con rosmarino e condimento balsamico.

# Cavolo rosso e patate con salsiccia

Tempo di preparazione + cottura: 2 ore 20 minuti | Porzioni: 4

## ingredienti

½ testa di cavolo rosso, a fette
1 mela, tagliata a cubetti
24 once di patate rosse, in quarti
1 cipolla piccola, affettata
¼ di cucchiaino di sale di sedano
2 cucchiai di aceto di sidro
2 cucchiai di zucchero di canna
Pepe nero a piacere
1 chilogrammo di salsiccia di suino affumicata precotta, affettata
½ tazza di brodo di pollo
2 cucchiai di burro

## Manuale di istruzioni

Preparare un bagnomaria e metterci dentro il Sous Vide. Impostare a 186 F. Unire cavolo, patate, cipolle, mele, sidro, zucchero di canna, pepe nero, sedano e sale.

Mettere le salsicce e il composto in un sacchetto sottovuoto. Rilasciare l'aria utilizzando il metodo di spremitura dell'acqua,

sigillare e immergere il sacchetto in un bagno d'acqua. Cuocere per 2 ore.

Scaldare il burro in una casseruola a fuoco medio. Quando il timer si ferma, rimuovi il sacchetto e trasferisci il contenuto nella pentola. Cuocere fino a quando il liquido evapora. Aggiungere il cavolo, le cipolle e le patate e friggere fino a doratura. Dividere il composto in ciotole da portata.

# Filetto di maiale alle mandorle

Tempo di preparazione + cottura: 3 ore 20 minuti | Porzioni: 2

## ingredienti

3 cucchiai di olio d'oliva

3 cucchiai di senape

2 cucchiai di miele

Sale e pepe nero a piacere

2 filetti di maiale con l'osso

1 cucchiaio di succo di limone

2 cucchiaini di aceto di vino rosso

2 cucchiai di olio di colza

2 tazze di insalata mista per bambini

2 cucchiai di pomodori secchi tagliati a fettine sottili

2 cucchiaini di mandorle tostate

## Manuale di istruzioni

Preparare un bagnomaria e metterci dentro il Sous Vide. Impostato su 138F.

Unire 1 cucchiaio di olio d'oliva, 1 cucchiaio di miele e 1 cucchiaio di senape e condire con sale e pepe. Lubrificare la parte posteriore con la miscela. Mettere in un sacchetto sottovuoto. Rilasciare l'aria utilizzando il metodo di spremitura dell'acqua, sigillare e immergere il sacchetto in un bagno d'acqua. Cuocere per 3 ore.

Nel frattempo preparate il condimento mescolando succo di limone, aceto, 2 cucchiai di olio d'oliva, 2 cucchiai di senape e il resto del miele. Condire con sale e pepe. Quando il timer si ferma, rimuovi la cintura. Scartare i succhi di cottura. Scaldare l'olio di canola in una padella a fuoco alto e scottare il fianco per 30 secondi su ciascun lato. Lasciare riposare per 5 minuti.

Per l'insalata, mescolare in una ciotola la lattuga, i pomodori secchi e le mandorle. Mescolare 3/4 della salsa con la salsa di filetto a specchio e servire con un'insalata.

# Bella salsa verde di maiale

Tempo di preparazione + cottura: 24 ore 25 minuti | Porzioni: 8)

ingredienti

2 libbre di spalla di maiale disossata, a dadini

Aggiungi sale a piacere

1 cucchiaio di cumino macinato

1 cucchiaino di pepe nero appena macinato

1 cucchiaio di olio d'oliva

1 kg di pomodori

3 peperoni poblano, tagliati finemente e tagliati a dadini

½ aglio tritato finemente

1 Serrano, senza semi e tagliato a cubetti

3 spicchi d'aglio schiacciati

1 mazzetto di coriandolo tritato grossolanamente

1 tazza di brodo di pollo

½ tazza di succo di lime

1 cucchiaio di origano

Manuale di istruzioni

Preparare un bagnomaria e metterci dentro il Sous Vide. Impostare a 149 F. Condire il maiale con sale, cumino e pepe. Scaldare l'olio in una padella a fuoco alto e friggere il maiale per 5-7 minuti.

Accantonare. Nella stessa padella cuocere i pomodori, il poblano, la cipolla, il serrano e l'aglio per 5 minuti. Versare in un robot da cucina e aggiungere coriandolo, succo di lime, brodo di pollo e origano. Mescolare per 1 minuto.

Mettere la carne di maiale e la salsa in un sacchetto sottovuoto. Rilasciare l'aria utilizzando il metodo di spremitura dell'acqua, sigillare e immergere il sacchetto in un bagno d'acqua. Cuocere per 24 ore. Quando il timer si ferma, rimuovere la busta e trasferirla nei piatti da portata. Cospargere di sale e pepe. Servire con riso.

# Costolette di maiale piccanti al cocco

Tempo di preparazione + cottura: 8 ore 30 minuti | Porzioni: 4

ingredienti

1/3 di tazza di latte di cocco
2 cucchiai di burro di cocco
2 cucchiai di salsa di soia
2 cucchiai di zucchero di canna
2 cucchiai di vino bianco secco
1 gambo di citronella, tritato
1 cucchiaio di salsa Sriracha
1 cucchiaio di zenzero fresco grattugiato
2 spicchi d'aglio, tritati
2 cucchiaini di olio di sesamo
1 chilogrammo di costine di maiale disossate
Coriandolo fresco tritato
Servire con riso basmati bollito

Manuale di istruzioni

Preparare un bagnomaria e metterci dentro il Sous Vide. Impostato su 134F.

In un robot da cucina, unire il latte di cocco, il burro di cocco, la salsa di soia, lo zucchero di canna, il vino, la citronella, lo zenzero, la salsa sriracha, l'aglio e l'olio di sesamo fino a che liscio.

Adagiate le costine e pulitele con il composto in un sacchetto sottovuoto. Rilasciare l'aria utilizzando il metodo di spremitura dell'acqua, sigillare e immergere il sacchetto in un bagno d'acqua. Cuocere per 8 ore.

Quando il timer si ferma, rimuovere le costole e trasferirle su un piatto. Scaldate la pentola a fuoco medio e versateci sopra il sugo di cottura. Far bollire per 10-15 minuti. Aggiungere le costine alla salsa e mescolare bene. Far bollire per 5 minuti. Guarnire con coriandolo e servire con riso.

# Succose costolette per barbecue

Tempo di preparazione + cottura: 16 ore 50 minuti | Porzioni: 5

## ingredienti

4 chilogrammi di costine di maiale
3 tazze e mezzo di salsa barbecue
⅓ tazza di passata di pomodoro
4 cipolle, tritate
2 cucchiai di prezzemolo fresco tritato

## Manuale di istruzioni

Preparare un bagnomaria e metterci dentro il Sous Vide. Impostare a 162F.

Metti le singole costole in un sacchetto sigillabile sottovuoto con 3 tazze di salsa barbecue. Rilasciare l'aria utilizzando il metodo di spremitura dell'acqua, sigillare e immergere il sacchetto in un bagno d'acqua. Cuocere per 16 ore.

Mescolare la salsa barbecue rimanente e la passata di pomodoro in una ciotola. Mettere da parte in frigorifero.

Quando il timer si ferma, rimuovi le costine e asciugale con un canovaccio. Scartare i succhi di cottura.

Preriscalda il forno a 300 F. Spennellare le costole con salsa barbecue su entrambi i lati e trasferirle in forno. Cuocere per 10 minuti. Distribuire nuovamente la salsa e cuocere per altri 30 minuti. Guarnire con cipolle e prezzemolo e servire.

# Filetto di maiale all'aglio

Tempo di preparazione + cottura: 2 ore 8 minuti | Porzioni: 3

## Ingredienti:

1 kg di filetto di maiale
1 tazza di brodo vegetale
2 spicchi d'aglio, tritati
1 cucchiaino di aglio in polvere
3 cucchiai di olio d'oliva
Sale e pepe nero a piacere

## Indicazioni:

Prepara un bagnomaria, mettici dentro il Sous Vide e impostalo a 136F.

Sciacquare bene la carne e asciugarla con un tovagliolo di carta. Strofinare con aglio in polvere, sale e pepe nero. Mettere in un grande sacchetto sottovuoto con brodo e aglio tritato. Chiudi il sacchetto e immergilo a bagnomaria. Cuocere per 2 ore. Rimuovere il filetto dalla busta e asciugarlo con un tovagliolo di carta.

Scaldare l'olio in una padella capiente. Friggere il filetto per 2-3 minuti su ciascun lato. Affettare il maiale, metterlo su un piatto e versarvi sopra i succhi di padella. Servire.

# Filetto di maiale salato al timo e aglio

Tempo di preparazione + cottura: 2 ore 25 minuti | Porzioni: 8

## ingredienti

2 cucchiai di burro

1 cucchiaio di cipolla in polvere

1 cucchiaio di cumino macinato

1 cucchiaio di coriandolo

1 cucchiaio di rosmarino essiccato

Aggiungi sale a piacere

1 (3 chilogrammi) filetto di maiale senza pelle

1 cucchiaio di olio d'oliva

## Manuale di istruzioni

Preparare un bagnomaria e metterci dentro il Sous Vide. Impostare a 140F.

Unire la cipolla in polvere, il cumino, l'aglio in polvere, il rosmarino e il sale di lime. Strofinare il maiale prima con olio d'oliva e sale, poi con il composto di cipolle.

Mettere in un sacchetto sottovuoto. Rilasciare l'aria utilizzando il metodo di spremitura dell'acqua, sigillare e immergere il sacchetto in un bagno d'acqua. Cuocere per 2 ore.

Quando il timer si ferma, rimuovere la carne di maiale e asciugarla con un tovagliolo di carta. Scartare i succhi di cottura. Scaldare il burro in una padella a fuoco alto e friggere la carne di maiale per 3-4 minuti fino a quando non sarà dorata su tutti i lati. Lasciate raffreddare per 5 minuti e tagliate a medaglioni.

# Braciole di maiale con salsa di funghi

Tempo di preparazione + cottura: 1 ora e 10 minuti | Porzioni: 3

## Ingredienti:

3 braciole di maiale (8 once).

Sale e pepe nero a piacere

3 cucchiai di burro, non salato

6 once di funghi

½ tazza di brodo di manzo

2 cucchiai di salsa Worcestershire

3 cucchiai di erba cipollina tritata per la decorazione

## Indicazioni:

Creare un bagno d'acqua, mettere in Sous Vide e impostare a 140 F. Strofinare le braciole di maiale con sale e pepe e metterle in un sacchetto sigillabile sottovuoto. Rilasciare l'aria utilizzando il metodo di spremitura dell'acqua, sigillare e immergere il sacchetto in un bagno d'acqua. Impostare il timer per 55 minuti.

Quando il timer si ferma, rimuovi e apri il sacchetto. Rimuovere la carne di maiale e asciugarla con un tovagliolo di carta. Scartare i succhi. Metti una padella a fuoco medio e aggiungi 1 cucchiaio di burro. Friggere il maiale per 2 minuti su entrambi i lati. Accantonare. Aggiungere i funghi nella padella ancora calda e cuocere per 5 minuti. Spegnere il fuoco, aggiungere il resto del burro e mescolare finché il burro non si scioglie. Condire con pepe e sale. Servire le braciole di maiale sopra la salsa di funghi.

# Salsicce di mele dolci

Tempo di preparazione + cottura: 55 minuti | Porzioni: 4

## ingredienti

¾ cucchiaino di olio d'oliva

4 salsicce italiane

4 cucchiai di succo di mela

## Manuale di istruzioni

Preparare un bagnomaria e metterci dentro il Sous Vide. Impostare a 162F.

Mettere le salsicce e 1 cucchiaio di sidro per salsiccia in un sacchetto sigillabile sottovuoto. Rilasciare l'aria utilizzando il metodo di spremitura dell'acqua, sigillare e immergere il sacchetto in un bagno d'acqua. Cuocere per 45 minuti.

Scaldare l'olio in una padella a fuoco medio. Quando il timer si ferma, togliere le salsicce e trasferirle nella padella e cuocere per 3-4 minuti fino a doratura.

# Tacos di maiale all'arancia dolce

Tempo di preparazione + cottura: 7 ore 10 minuti | Porzioni: 8

## ingredienti

½ tazza di succo d'arancia
4 cucchiai di miele
2 cucchiai di aglio fresco, tritato
2 cucchiai di zenzero fresco, tritato
2 cucchiai di salsa Worcestershire
2 cucchiaini di salsa hoisin
2 cucchiaini di salsa sriracha
½ buccia d'arancia
1 kg di spalla di maiale
8 tortillas di farina, riscaldate
½ tazza di coriandolo fresco tritato
1 lime, affettato

## Manuale di istruzioni

Preparare un bagnomaria e metterci dentro il Sous Vide. Impostare a 175F.

Mescolare bene il succo d'arancia, 3 cucchiai di miele, aglio, zenzero, salsa Worcestershire, salsa Hoisin, Sriracha e scorza d'arancia.

Mettere la carne di maiale in un sacchetto sottovuoto e unire l'arancia alla salsa. Rilasciare l'aria utilizzando il metodo di spremitura dell'acqua, sigillare e immergere il sacchetto in un bagno d'acqua. Cuocere per 7 ore.

Quando il timer si ferma, rimuovi il maiale e trasferiscilo su una teglia. Prenota i succhi di cottura.

Riscaldare la pentola a fuoco medio e versare i succhi con il resto del miele. Cuocere per 5 minuti fino a quando bolle e ridotto della metà. Spennellare la salsa sul maiale. Farcire le tortillas con carne di maiale. Guarnire con coriandolo e aggiungere il resto del condimento per servire.

# Carnitas messicane di maiale con salsa Roy

Tempo di preparazione + cottura: 49 ore 40 minuti | Porzioni: 8

## ingredienti

3 cucchiai di olio d'oliva

2 cucchiai di fiocchi di peperoncino

Aggiungi sale a piacere

2 cucchiaini di peperoncino piccante messicano in polvere

2 cucchiaini di origano essiccato

½ cucchiaino di cannella in polvere

2¼ chilogrammi di spalla di maiale disossata

4 pomodorini maturi, a dadini

¼ di cipolla rossa, tritata

¼ tazza di foglie di coriandolo, tritate

Succo di limone appena spremuto

8 tortillas di mais

## Manuale di istruzioni

Mescolare bene i fiocchi di paprika, il sale kosher, il peperoncino messicano piccante in polvere, l'origano e la cannella. Coprire il maiale con la miscela di peperoncino e coprire con un foglio di alluminio. Lasciare raffreddare per 1 ora.

Preparare un bagnomaria e metterci dentro il Sous Vide. Impostare a 159 F. Mettere la carne di maiale in un sacchetto sigillabile sottovuoto. Rilasciare l'aria usando il metodo della spremitura dell'acqua, chiudere e immergere in un bagno d'acqua. Cuocere per 48 ore. 15 minuti Prima della fine, mescolare i pomodori, la cipolla e il coriandolo. Aggiungere il succo di limone e il sale.

Quando il timer si ferma, rimuovi il sacchetto e trasferisci il maiale su un tagliere. Scartare i succhi di cottura. Tirare la carne fino a sminuzzarla. Scaldare l'olio vegetale in una padella a fuoco medio e friggere il maiale tritato finché non diventa croccante e croccante. Farcire la tortilla con carne di maiale. Completare con la salsa roja e servire.

# Tacos di pollo al peperoncino e chorizo con formaggio

Tempo di preparazione + cottura: 3 ore 25 minuti | Porzioni: 8

ingredienti

2 salsicce di maiale private delle viscere
1 peperone poblano, gambi e semi
½ peperoncino jalapeño, gambo e semi
4 cipolle, tritate
1 mazzetto di foglie di coriandolo fresco
½ tazza di prezzemolo fresco tritato
3 spicchi d'aglio
2 cucchiai di succo di lime
1 cucchiaino di sale
¾ cucchiaino di coriandolo macinato
¾ cucchiaino di cumino macinato
4 petti di pollo disossati e senza pelle, affettati
1 cucchiaio di olio vegetale
½ cipolla gialla tritata finemente
8 gusci di tacos di mais
3 cucchiai di provolone
1 pomodoro
1 lattuga iceberg, tritata

## Manuale di istruzioni

Metti ½ tazza di acqua, pepe poblano, pepe jalapeño, scalogno, coriandolo, prezzemolo, aglio, succo di lime, sale, coriandolo e cumino in un frullatore e frulla fino a che liscio. Metti le strisce di pollo e il composto di peperoni in un sacchetto sigillabile sottovuoto. Trasferire in frigorifero e lasciare riposare per 1 ora.

Preparare un bagnomaria e metterci dentro il Sous Vide. Impostare a 141 F. Mettere la miscela di pollo nel bagno. Cuocere per 1 ora e 30 minuti.

Scaldare l'olio in una padella a fuoco medio e soffriggere le cipolle per 3 minuti. Aggiungere il chorizo e cuocere per 5-7 minuti. Quando il timer si ferma, rimuovi il pollo. Scartare i succhi di cottura. Aggiungere il pollo e mescolare bene. Farcite le tortillas con il composto di pollo e chorizo. Completare con formaggio, pomodoro e lattuga. Servire.

# Carne di pollo con verdure

Tempo di preparazione + cottura: 2 ore 15 minuti | Porzioni: 2

## Ingredienti:

1 chilogrammo di petto di pollo disossato e senza pelle

1 tazza di peperone rosso, tritato

1 tazza di peperone verde, tritato

1 tazza di zucchine, affettate

½ tazza di cipolla, tritata

1 tazza di cimette di cavolfiore

½ tazza di succo di limone appena spremuto

½ tazza di brodo di pollo

½ cucchiaino di zenzero macinato

1 cucchiaino di sale rosa dell'Himalaya

Indicazioni:

Mescolare il succo di limone con il brodo di pollo, lo zenzero e il sale in una ciotola. Mescolare bene e aggiungere le verdure tritate. Accantonare. Sciacquate bene il petto di pollo sotto l'acqua corrente fredda. Tagliare la carne a pezzetti con un coltello affilato.

Unire con altri ingredienti e mescolare bene. Trasferire in un grande sacchetto sigillabile sottovuoto e sigillare. Cuocere in Sous Vide per 2 ore a 167F. Servire subito.

# Pollo al miele leggermente piccante

Tempo di preparazione + cottura: 1 ora e 45 minuti | Porzioni: 4

## ingredienti

8 cucchiai di burro

8 spicchi d'aglio, tritati

6 cucchiai di salsa di peperoncino

1 cucchiaino di cumino

4 cucchiai di miele

Succo di 1 lime

Sale e pepe nero a piacere

4 petti di pollo disossati e senza pelle

## Manuale di istruzioni

Preparare un bagnomaria e metterci dentro il Sous Vide. Impostato su 141F.

Scaldare una pentola a fuoco medio e aggiungere burro, aglio, cumino, salsa chili, zucchero, succo di lime e un pizzico di sale e pepe. Far bollire per 5 minuti. Mettere da parte e lasciare raffreddare.

Condire il pollo con sale e pepe e metterlo in 4 sacchetti richiudibili con la marinata. Rilasciare l'aria utilizzando il metodo di spremitura dell'acqua, sigillare e immergere i sacchetti a bagnomaria. Cuocere per 1 ora e 30 minuti.

Quando il timer si ferma, rimuovi il pollo e asciugalo con un tovagliolo di carta. Riservare metà dei succhi di cottura di ogni busta e trasferirli in una casseruola a fuoco medio. Cuocere fino a quando la salsa bolle, quindi aggiungere il pollo e cuocere per 4 minuti. Togliere il pollo e tagliarlo a fette. Servire con riso.

# Classico cordon bleu di pollo

Tempo di preparazione + cottura: 1 ora e 50 minuti + tempo di raffreddamento | Porzioni: 4

## ingredienti

½ tazza di burro
4 petti di pollo disossati e senza pelle
Sale e pepe nero a piacere
1 cucchiaino di pepe di cayenna
4 spicchi d'aglio tritati
8 fette di prosciutto
8 fette di Emmental

## Manuale di istruzioni

Preparare un bagnomaria e metterci dentro il Sous Vide. Riscaldare a 141 F. Condire il pollo con sale e pepe. Coprire con pellicola trasparente e arrotolare. Mettere da parte e lasciare raffreddare.

Scaldare una pentola a fuoco medio e aggiungere il pepe nero, il pepe di cayenna, 1/4 di tazza di burro e l'aglio. Cuocere fino a quando il burro si scioglie. Trasferire in una ciotola.

Strofinare il pollo con la miscela di burro su un lato. Poi mettete 2 fette di prosciutto e 2 fette di formaggio e coprite. Avvolgete ogni petto nella pellicola trasparente e mettete in frigorifero per 2-3 ore o nel congelatore per 20-30 minuti.

Mettere la punta di petto in due buste sottovuoto. Rilasciare l'aria utilizzando il metodo di spremitura dell'acqua, sigillare e immergere i sacchetti a bagnomaria. Cuocere per 1 ora e 30 minuti.

Quando il timer si ferma, rimuovi i petti e rimuovi la plastica. Riscaldare il burro rimanente in una padella a fuoco medio e friggere il pollo per 1-2 minuti su ciascun lato.

# Pollo croccante fatto in casa

Tempo di preparazione + cottura: 3 ore 20 minuti | Porzioni: 8)

## ingredienti

½ cucchiaio di basilico essiccato

2¼ tazze di panna acida

8 cosce di pollo

Sale e pepe bianco a piacere

½ tazza di olio vegetale

3 tazze di farina

2 cucchiai di aglio in polvere

1 cucchiaio e mezzo di pepe di cayenna in polvere

1 cucchiaio di senape essiccata

## Manuale di istruzioni

Preparare un bagnomaria e metterci dentro il Sous Vide. Regolare a 156 F. Condire con sale di pollo e metterlo in un sacchetto sigillabile sottovuoto. Rilasciare l'aria usando il metodo della spremitura dell'acqua, chiudere e immergere in un bagno d'acqua. Cuocere per 3 ore. Quando il timer si ferma, rimuovi il pollo e asciugalo con un tovagliolo di carta.

Unire sale, farina, aglio in polvere, pepe bianco, pepe di cayenna in polvere, senape, pepe bianco e basilico in una ciotola. Metti la panna acida in un'altra ciotola.

Immergi il pollo nella miscela di farina, poi nella panna acida e di nuovo nella miscela di farina. Scaldare l'olio in una padella a fuoco medio. Aggiungere le betulle e cuocere per 3-4 minuti fino a renderle croccanti. Servire.

# Petti di pollo piccanti

Tempo di preparazione + cottura: 1 ora e 40 minuti | Porzioni: 4

## ingredienti

½ tazza di salsa chili
2 cucchiai di burro
1 cucchiaio di aceto bianco
1 cucchiaio di aceto di champagne
4 petti di pollo tagliati a metà
Sale e pepe nero a piacere

## Manuale di istruzioni

Preparare un bagnomaria e metterci dentro il Sous Vide. Impostato su 141F.

Scaldare una pentola a fuoco medio e mescolare la salsa di peperoncino, 1 cucchiaio di burro e l'aceto. Cuocere fino a quando il burro non si sarà sciolto. Accantonare.

Condire il pollo con sale e pepe e metterlo in due buste sottovuoto con il composto di peperoncino. Rilasciare l'aria utilizzando il metodo di spremitura dell'acqua, sigillare e immergere i sacchetti a bagnomaria. Cuocere per 1 ora e 30 minuti.

Quando il timer si ferma, rimuovi il pollo e trasferiscilo su una teglia. Scartare i succhi di cottura. Scaldare il burro rimanente in una padella a fuoco alto e friggere il pollo per 1 minuto per lato. Tagliare a listarelle. Servire con insalata.

# Involtini di lattuga salati con pollo allo zenzero e peperoncino

Tempo di preparazione + cottura: 1 ora e 45 minuti | Porzioni: 5

ingredienti

½ tazza di salsa hoisin
½ tazza di salsa di peperoncino dolce
3 cucchiai di salsa di soia
2 cucchiai di zenzero grattugiato
2 cucchiai di zenzero macinato
1 cucchiaio di zucchero di canna
2 spicchi d'aglio, tritati
Succo di 1 lime
4 petti di pollo a cubetti
Sale e pepe nero a piacere
12 foglie di lattuga, sciacquate
⅛ tazza di semi di papavero
4 erba cipollina

Manuale di istruzioni

Preparare un bagnomaria e metterci dentro il Sous Vide. Impostare a 141 F. Mescolare la salsa chili, lo zenzero, la salsa di soia, lo zucchero di canna, l'aglio e il succo di mezzo lime. Scaldare una pentola a fuoco medio e versare il composto. Far bollire per 5 minuti. Accantonare.

Condire i petti con sale e pepe. Mettili in uno strato uniforme in un sacchetto sigillabile sottovuoto con la miscela di salsa chili. Rilasciare l'aria utilizzando il metodo di spremitura dell'acqua, sigillare e immergere il sacchetto in un bagno d'acqua. Cuocere per 1 ora e 30 minuti.

Quando il timer si ferma, rimuovi il pollo e asciugalo con un tovagliolo di carta. Scartare i succhi di cottura. Unire la salsa hoisin ai cubetti di pollo e mescolare bene. Impila 6 foglie di lattuga.

Dividere il pollo in foglie di lattuga e cospargere con semi di papavero ed erba cipollina prima di avvolgere.

# Petti di pollo aromatici al limone

Tempo di preparazione + cottura: 1 ora e 50 minuti | Porzioni: 4

## ingredienti

3 cucchiai di burro
4 petti di pollo senza pelle disossati
Sale e pepe nero a piacere
Scorza e succo di 1 limone
¼ di tazza di panna
2 cucchiai di brodo di pollo
1 cucchiaio di foglie di salvia fresca tritate
1 cucchiaio di olio d'oliva
3 spicchi d'aglio, tritati
1/4 tazza di cipolla rossa, tritata
1 limone grande affettato sottilmente

## Manuale di istruzioni

Preparare un bagnomaria e metterci dentro il Sous Vide. Riscaldare a 141 F. Condire il petto con sale e pepe.

Scaldare una casseruola a fuoco medio e aggiungere il succo e la scorza di limone, la panna, 2 cucchiai di burro, il brodo di pollo, la salvia, l'olio d'oliva, l'aglio e la cipolla rossa. Cuocere fino a quando il burro non si sarà sciolto. Mettere i petti in due buste sottovuoto con il composto di limone e burro. Aggiungere le fette di limone. Rilasciare l'aria utilizzando il metodo di spremitura dell'acqua, sigillare e immergere i sacchetti nella vasca da bagno. Cuocere per 90 minuti.

Quando il timer si ferma, rimuovi i petti e asciugali con un tovagliolo di carta. Scartare i succhi di cottura. Riscaldare il burro rimanente in una padella e friggere il petto per 1 minuto su ciascun lato. Tagliare il petto a listarelle. Servire con riso.

# Pollo alla senape e aglio

Tempo di preparazione + cottura: 60 minuti | Porzioni: 5

## Ingredienti:

Petto di pollo da 17 once
1 cucchiaio di senape di Digione
2 cucchiai di senape in polvere
2 cucchiaini di salsa di pomodoro
3 cucchiai di burro
1 cucchiaino di sale
3 cucchiaini di aglio tritato
¼ tazza di salsa di soia

## Indicazioni:

Preparare un bagnomaria e metterci dentro il Sous Vide. Impostare a 150 F. Mettere tutti gli ingredienti in un sacchetto sottovuoto e agitare per unire. Rilasciare l'aria utilizzando il metodo di spremitura dell'acqua, sigillare e immergere il sacchetto in un bagno d'acqua. Impostare il timer per 50 minuti. Quando il timer si ferma, rimuovere il pollo e affettarlo. Servire caldo.

# Un pollo intero

Tempo di preparazione + cottura: 6 ore 40 minuti | Porzioni: 6

## Ingredienti:

1 pollo intero medio

3 spicchi d'aglio

3 once di gambi di sedano tritati

3 cucchiai di senape

Sale e pepe nero a piacere

1 cucchiaio di burro

## Indicazioni:

Preparare un bagnomaria e metterci dentro il Sous Vide. Impostare a 150 F. Unire tutti gli ingredienti in un sacchetto sottovuoto. Rilasciare l'aria utilizzando il metodo della spremitura dell'acqua, chiudere e immergere il sacchetto nella vasca da bagno. Impostare il timer per 6 ore e 30 minuti. Al termine, lasciare raffreddare leggermente il pollo prima di tagliarlo.

# Deliziose ali di pollo con salsa di bufala

Tempo di preparazione + cottura: 3 ore | Porzioni: 3

## ingredienti

3 chilogrammi di ali di pollo al cappone
2 tazze e mezzo di salsa di bufala
1 mazzetto di prezzemolo fresco

## Manuale di istruzioni

Preparare un bagnomaria e metterci dentro il Sous Vide. Impostato su 148F.

Condire le ali di cappone con sale e pepe. Mettilo in un sacchetto sottovuoto con 2 tazze di salsa di bufala. Rilasciare l'aria utilizzando il metodo di spremitura dell'acqua, sigillare e immergere il sacchetto in un bagno d'acqua. Cuocere per 2 ore. Preriscalda il forno finché non è pronto.

Quando il timer si ferma, rimuovere le ali e trasferirle in una ciotola. Versare il resto della salsa di bufala e mescolare bene. Trasferisci le ali su una teglia foderata con un foglio di alluminio e copri con il resto della salsa. Cuocere per 10 minuti, girando almeno una volta. Guarnire con prezzemolo.

# Deliziose cosce di pollo con salsa agrodolce

Tempo di preparazione + cottura: 14 ore 30 minuti | Porzioni: 8

ingredienti

¼ tazza di olio d'oliva
12 zampe di gallina
4 peperoni rossi, tritati
6 cipollotti, tritati
4 spicchi d'aglio tritati
1 oncia di zenzero fresco, tritato
½ tazza di salsa Worcestershire
¼ tazza di succo di lime
2 cucchiai di scorza di lime
2 cucchiai di zucchero
2 cucchiai di foglie di timo fresco
1 cucchiaio di pimento
Sale e pepe nero a piacere
1 cucchiaino di noce moscata macinata

Manuale di istruzioni

Metti peperoni, cipolle, aglio, zenzero, salsa Worcestershire, olio d'oliva, succo e scorza di lime, zucchero, timo, pimento, sale, pepe nero e noce moscata in un robot da cucina. e mescolare. Prenota 1/4 di tazza di salsa.

Mettere la salsa di pollo e lime in un sacchetto sigillabile sottovuoto. Rilasciare l'aria utilizzando il metodo di spostamento dell'acqua. Trasferire in frigorifero e lasciare marinare per 12 ore.

Preparare un bagnomaria e metterci dentro il Sous Vide. Impostare a 152 F. Sigillare e immergere il sacchetto a bagnomaria. Cuocere per 2 ore. Quando il timer si ferma, rimuovi il pollo e asciugalo con un tovagliolo di carta. Scartare i succhi di cottura. Spennellare la salsa di lime riservata sul pollo. Scaldare una padella a fuoco alto e scottare il pollo per 30 secondi su ciascun lato.

# Petto di pollo con salsa cajun

Tempo di preparazione + cottura: 1 ora e 55 minuti | Porzioni: 4

ingredienti

2 cucchiai di burro
4 petti di pollo senza pelle disossati
Sale e pepe nero a piacere
1 cucchiaino di cumino
½ tazza di marinata di pollo Cajun

Manuale di istruzioni

Preparare un bagnomaria e metterci dentro il Sous Vide. Impostare a 141 F. Condire i petti con sale e pepe e metterli in due sacchetti sottovuoto con la salsa cajun. Rilasciare l'aria utilizzando il metodo di spremitura dell'acqua, sigillare e immergere i sacchetti a bagnomaria. Cuocere per 1 ora e 30 minuti.

Quando il timer si ferma, rimuovi il pollo e asciugalo. Scartare i succhi di cottura. Scaldare il burro in una padella a fuoco alto e friggere il petto per 1 minuto per lato. Tagliare i petti e servire.

# Petto di pollo Sriracha

Tempo di preparazione + cottura: 1 ora e 55 minuti | Porzioni: 4

## ingredienti

8 cucchiai di burro, a cubetti
Petto di pollo senza pelle disossato da 1 chilogrammo
Sale e pepe nero a piacere
1 cucchiaino di noce moscata
1 tazza e mezzo di salsa sriracha

## Manuale di istruzioni

Preparare un bagnomaria e metterci dentro il Sous Vide. Impostato su 141F.

Condire i petti con sale, noce moscata e pepe e. mettere in due buste sottovuoto con salsa sriracha. Rilasciare l'aria utilizzando il metodo di spremitura dell'acqua, sigillare e immergere i sacchetti a bagnomaria. Cuocere per 1 ora e 30 minuti.

Quando il timer si ferma, rimuovi il pollo e asciugalo con un tovagliolo di carta. Scartare i succhi di cottura. Scaldare il burro in una padella a fuoco alto e friggere i petti per 1 minuto per lato. Tagliare il petto a pezzetti.

# Pollo al prezzemolo con salsa al curry

Tempo di preparazione + cottura: 2 ore 35 minuti | Porzioni: 4

## ingredienti

4 petti di pollo senza pelle disossati

Sale e pepe nero a piacere

1 cucchiaio di timo

1 cucchiaio di prezzemolo

5 tazze di salsa al curry al burro

## Manuale di istruzioni

Preparare un bagnomaria e metterci dentro il Sous Vide. Impostato su 141F.

Condire il pollo con sale, timo, prezzemolo e pepe. Mettere in due buste sottovuoto con la salsa. Rilasciare l'aria utilizzando il metodo di spremitura dell'acqua, sigillare e immergere i sacchetti a bagnomaria. Cuocere per 1 ora e 30 minuti.

Quando il timer si ferma, rimuovi il pollo e asciugalo con un tovagliolo di carta. Prenota i succhi di zuppa. Riscaldare la pentola a fuoco alto e versarvi sopra il succo. Far bollire per 10 minuti fino a quando ridotto. Tagliare il pollo a pezzi e aggiungerli alla salsa. Cuocere per 2-3 minuti. Servire subito.

# Petto di pollo glassato al parmigiano

Tempo di preparazione + cottura: 65 minuti | Porzioni: 4

## Ingredienti:

2 petti di pollo senza pelle e disossati
1 tazza e mezzo di pesto di basilico
½ tazza di noci di macadamia macinate
¼ tazza di parmigiano grattugiato
3 cucchiai di olio d'oliva

## Indicazioni:

Creare un bagno d'acqua, mettere in Sous Vide e impostare a 65 F. Tagliare il pollo a pezzetti e coprire con il pesto. Mettere il pollo in due sacchetti sottovuoto separati, senza coprirli.

Rilasciare l'aria utilizzando il metodo di spremitura dell'acqua e sigillare i sacchetti. Immergili a bagnomaria e imposta il timer per 50 minuti. Quando il timer si ferma, rimuovi e apri i sacchetti.

Trasferisci i pezzi di pollo in un piatto senza succhi. Cospargere con noci di macadamia e formaggio e coprire bene. Metti la padella a fuoco vivo, aggiungi l'olio d'oliva. Quando l'olio è caldo, friggere velocemente il pollo rivestito per 1 minuto. Scolare il grasso. Servire come spuntino.

# Pollo tritato con pomodorini

Tempo di preparazione + cottura: 100 minuti | Porzioni: 4

Ingredienti:

1 chilogrammo di pollo macinato
2 cucchiai di passata di pomodoro
¼ tazza di brodo di pollo
¼ tazza di succo di pomodoro
1 cucchiaio di zucchero bianco
1 cucchiaino di timo
1 cucchiaio di cipolla in polvere
½ cucchiaino di origano

Indicazioni:

Preparare un bagnomaria e metterci dentro il Sous Vide. Impostare a 147F.

Mescolare tutti gli ingredienti tranne il pollo in una casseruola. Cuocere a fuoco medio per 2 minuti. Trasferire in un sacchetto sigillabile sottovuoto. Rilasciare l'aria utilizzando il metodo della spremitura dell'acqua, chiudere e immergere il sacchetto nella vasca da bagno. Cuocere per 80 minuti. Una volta fatto, togliere la busta e tagliare a fette. Servire caldo.

# Stufato di pollo con funghi

Tempo di preparazione + cottura: 1 ora e 5 minuti | Porzioni: 2

## Ingredienti:

2 cosce di pollo medie senza pelle

½ tazza di pomodori arrostiti al fuoco, tagliati a dadini

½ tazza di brodo di pollo

1 cucchiaio di passata di pomodoro

½ tazza di funghi champignon, tritati

1 gambo di sedano medio

1 carota piccola, tritata

1 cipolla piccola, tritata

1 cucchiaio di basilico fresco, tritato

1 spicchio d'aglio, schiacciato

Sale e pepe nero a piacere

## Indicazioni:

Crea un bagno d'acqua, mettici dentro il Sous Vide e impostalo a 129 F. Strofina le cosce con sale e pepe. Accantonare. Tagliate il gambo di sedano a pezzi lunghi mezzo centimetro.

Mettete ora la carne in un sacchetto capiente sottovuoto con la cipolla, la carota, i funghi, il gambo di sedano ei pomodori scottati alla fiamma. Immergere la busta sigillata in un bagno d'acqua e impostare il timer per 45 minuti.

Quando il timer si ferma, rimuovere la busta dal bagnomaria e aprirla. La carne dovrebbe staccarsi facilmente dall'osso, quindi rimuovi le ossa.

Scaldare l'olio in una casseruola media e aggiungere l'aglio. Cuocere per circa 3 minuti, mescolando continuamente. Aggiungere il contenuto della busta, il brodo di pollo e la passata di pomodoro. Portare a ebollizione e ridurre il calore a medio. Cuocere per altri 5 minuti, mescolando di tanto in tanto. Servire cosparso di basilico.

# Il petto di pollo No-Sear più semplice

Tempo di preparazione + cottura: 75 minuti | Porzioni: 3

## Ingredienti:

Petto di pollo da 1 libbra, disossato
Sale e pepe nero a piacere
1 cucchiaino di aglio in polvere

## Indicazioni:

Crea un bagno d'acqua, impostalo su Sous Vide e impostalo su 150 F. Asciuga il petto di pollo e condisci con sale, aglio in polvere e pepe. Mettere il pollo in un sacchetto sottovuoto, espellere l'aria con il metodo della spremitura dell'acqua e sigillarlo.

Mettere in acqua e impostare il timer per cuocere per 1 ora. Quando il timer si ferma, rimuovi e apri il sacchetto. Rimuovere il pollo e lasciarlo raffreddare per un uso successivo.

# Cosce di pollo all'arancia

Tempo di preparazione + cottura: 2 ore | Porzioni: 4

Ingredienti:

2 chilogrammi di cosce di pollo

2 peperoncini piccoli, tritati

1 tazza di brodo di pollo

1 cipolla, tritata

½ tazza di succo d'arancia appena spremuto

1 cucchiaino di estratto di arancia, liquido

2 cucchiai di olio vegetale

1 cucchiaino di miscela di condimento per barbecue

Guarnire con prezzemolo fresco

Indicazioni:

Crea un bagno d'acqua, imposta Sous Vide e imposta a 167F.

Scaldare l'olio d'oliva in una pentola capiente. Aggiungere la cipolla tritata e soffriggere per 3 minuti a fuoco medio fino a renderla traslucida.

Mescolare il succo d'arancia con il peperoncino e l'estratto di arancia in un robot da cucina. Impulso fino a quando ben combinato.

Versare il composto nella pentola e abbassare la fiamma. Cuocere a fuoco basso per 10 minuti.

Ricopri il pollo con la miscela di condimento per barbecue e mettilo nella pentola. Aggiungere il brodo di pollo e cuocere fino a quando metà del liquido sarà evaporato. Trasferire in un grande sacchetto sigillabile sottovuoto e sigillare. Immergere la busta a bagnomaria e far bollire per 45 minuti. Quando il timer si ferma, rimuovere la busta dal bagnomaria e aprirla. Guarnire con prezzemolo fresco e servire.

# Pollo al timo con limone

Tempo di preparazione + cottura: 2 ore 15 minuti | Porzioni: 3

## Ingredienti:

3 cosce di pollo

Sale e pepe nero a piacere

3 fette di limone

3 rametti di timo

3 cucchiai di olio d'oliva per friggere

## Indicazioni:

Crea un bagno d'acqua, mettici dentro il Sous Vide e impostalo a 165 F. Condisci il pollo con sale e pepe. Metti sopra fette di limone e rametti di timo. Mettili in un sacchetto sigillabile sottovuoto, rilascia l'aria usando il metodo della spremitura dell'acqua e sigilla il sacchetto. Immergere in un sacchetto d'acqua e impostare il timer per 2 ore.

Quando il timer si ferma, rimuovi e apri il sacchetto. Scaldare l'olio d'oliva in una padella di ghisa a fuoco alto. Metti le cosce di pollo nella padella, con la pelle rivolta verso il basso, e friggi fino a doratura. Guarnire con ulteriori spicchi di limone. Servito con riso all'osso.

# Insalata di pollo alla paprika

Tempo di preparazione + cottura: 1 ora e 15 minuti | Porzioni: 4

## Ingredienti:

4 petti di pollo disossati e senza pelle

¼ tazza di olio vegetale più tre cucchiai per insalata

1 cipolla media, sbucciata e tritata

6 pomodorini, tagliati a metà

Sale e pepe nero a piacere

1 tazza di lattuga, tritata

2 cucchiai di succo di limone appena spremuto

Indicazioni:

Crea un bagno d'acqua, imposta Sous Vide e imposta a 149F.

Sciacquare bene la carne sotto l'acqua fredda e asciugarla con un tovagliolo di carta. Tagliare la carne a pezzetti e metterla in un sacchetto sigillabile sottovuoto con ¼ di tazza di olio e sigillare. Immergi la borsa a bagnomaria. Quando il timer si ferma, rimuovi il pollo dalla busta, asciugalo e lascialo raffreddare a temperatura ambiente.

In una grande ciotola, mescolare le cipolle, i pomodori e la lattuga. Infine unire i petti di pollo e aggiungere tre cucchiai di olio, succo di limone e sale quanto basta. Guarnire con yogurt greco e olive. Tuttavia, questo è facoltativo. Servire freddo.

# Un pollo intero

Tempo di preparazione + cottura: 7 ore 15 minuti | Porzioni: 6

## Ingredienti:

1 (5 libbre) di pollo intero, griglia
5 tazze di brodo di pollo
3 tazze di peperone misto a dadini
3 tazze di sedano, a dadini
3 tazze di porri, tritati
1 ¼ di cucchiaino di sale
1 ¼ cucchiaino di pepe nero
2 foglie di alloro

## Indicazioni:

Crea un bagno d'acqua, mettici dentro il Sous Vide e impostalo a 150 F. Condisci il pollo con sale.

Metti tutti gli ingredienti elencati e il pollo in un grande sacchetto sigillabile sottovuoto. Rilasciare l'aria utilizzando il metodo di compressione dell'acqua e sigillare il sacchetto sottovuoto. Mettere a bagnomaria e impostare il timer per 7 ore.

Coprire l'acqua con un sacchetto di plastica per ridurre l'evaporazione e l'acqua del bagno ogni 2 ore. Quando il timer si ferma, rimuovi e apri il sacchetto. Riscalda la griglia, rimuovi con cura il pollo e asciugalo. Metti il pollo nella griglia e cuoci fino a quando la pelle diventa dorata. Lasciare riposare il pollo per 8 minuti, affettare e servire.

# Cosce di pollo piccanti semplici

Tempo di preparazione + cottura: 2 ore 55 minuti | Porzioni: 6

## Ingredienti:

Cosce di pollo da 1 libbra, con l'osso
3 cucchiai di burro
1 cucchiaio di pepe di cayenna
Aggiungi sale a piacere

## Indicazioni:

Preparare un bagnomaria, metterci dentro il Sous Vide e impostarlo a 165 F. Condire il pollo con pepe e sale. Mettere il pollo in un sacchetto sottovuoto con un cucchiaio di burro. Rilasciare l'aria utilizzando il metodo di spremitura dell'acqua, sigillare e immergere il sacchetto in un bagno d'acqua. Impostare il timer per 2 ore e 30 minuti.

Quando il timer si ferma, rimuovi il sacchetto e aprilo. Riscalda la griglia e sciogli il burro rimanente nel microonde. Ungere la griglia con un po' di burro e spennellare il pollo con il burro rimasto. Friggere fino a quando il colore diventa marrone scuro. Servire come spuntino.

# alette di pollo "Buffalo

Tempo di preparazione + cottura: 1 ora e 20 minuti | Porzioni: 6

## Ingredienti:

3 chilogrammi di ali di pollo

3 cucchiaini di sale

2 cucchiaini di aglio tritato

2 cucchiai di paprika affumicata

1 cucchiaino di zucchero

½ tazza di salsa piccante

5 cucchiai di burro

2½ tazze di farina di mandorle

Olio d'oliva per friggere

## Indicazioni:

Crea un bagno d'acqua, impostalo su Sous Vide e impostalo su 144F.

Unire le ali, l'aglio, il sale, lo zucchero e la paprika affumicata. Ricopri uniformemente il pollo. Mettere in un grande sacchetto sigillabile sottovuoto, espellere l'aria utilizzando il metodo di spremitura dell'acqua e sigillare il sacchetto.

Immergere in acqua. Impostare il timer per la cottura per 1 ora. Quando il timer si ferma, rimuovi e apri il sacchetto. Versare la farina in una ciotola capiente, aggiungere il pollo e mescolare per ricoprire.

Scaldare l'olio in una padella a fuoco medio, friggere il pollo fino a doratura. Rimuovere e mettere da parte. In un'altra padella, sciogliere il burro e aggiungere la salsa calda. Spennellare le ali con burro e salsa piccante. Servire come spuntino

# Polpette Di Pollo Sminuzzate

Tempo di preparazione + cottura: 3 ore 15 minuti | Porzioni: 5

Ingredienti:

½ libbra di petto di pollo senza pelle e senza ossa
½ tazza di noci di macadamia macinate
⅓ tazza di maionese all'olio d'oliva
3 cipolle verdi, tritate
2 cucchiai di succo di limone
Sale e pepe nero a piacere
3 cucchiai di olio d'oliva

Indicazioni:

Crea un bagno d'acqua, mettici dentro il Sous Vide e impostalo a 165 F. Metti il pollo in un sacchetto sigillabile sottovuoto, fai uscire l'aria usando il metodo di spremitura dell'acqua e sigillalo. Metti la busta a bagnomaria e imposta il timer per 3 ore. Quando il timer si ferma, rimuovi e apri il sacchetto.

Tritare il pollo e aggiungerlo alla ciotola con il resto degli ingredienti tranne l'olio d'oliva. Mescolare fino a che liscio e formare delle polpette. Scaldare l'olio d'oliva in una padella a fuoco medio. Aggiungere le bistecche e cuocere fino a doratura su entrambi i lati.

# Cosce di pollo con purea di carote

Tempo di preparazione + cottura: 60 minuti | Porzioni: 5

Ingredienti:

2 chilogrammi di cosce di pollo

1 tazza di carote, affettate sottilmente

2 cucchiai di olio d'oliva

¼ tazza di cipolla tritata finemente

2 tazze di brodo di pollo

2 cucchiai di prezzemolo fresco tritato

2 spicchi d'aglio schiacciati

Sale e pepe nero a piacere

Indicazioni:

Crea un bagno d'acqua, mettici dentro il Sous Vide e impostalo a 167 F. Lava le cosce di pollo sotto l'acqua corrente fredda e asciugale con carta assorbente. Accantonare.

Unisci 1 cucchiaio di olio d'oliva, prezzemolo, sale e pepe in una ciotola. Mescolare bene e distribuire liberamente il composto sulle cosce. Mettere in un sacchetto grande sottovuoto e aggiungere il brodo di pollo. Premere la borsa per rimuovere l'aria. Sigillare il sacchetto e metterlo a bagnomaria e impostare il timer per 45 minuti. Quando il timer si ferma, rimuovi le cosce dalla busta e asciugale. Prenota il liquido di cottura.

Nel frattempo preparate le carote. Versare in un frullatore e lavorare fino a ottenere una purea. Accantonare.

Scaldare il resto dell'olio d'oliva in una padella capiente a fuoco medio. Aggiungere l'aglio e la cipolla e soffriggere per circa 1-2 minuti o fino a renderli morbidi. Aggiungere le cosce di pollo e cuocere per 2-3 minuti, girando di tanto in tanto. Assaggia la cottura, regola i condimenti, quindi aggiungi il brodo. Portare a ebollizione e togliere dal fuoco. Trasferire le cosce in un piatto da portata e versarvi sopra la purea di carote e cospargere di prezzemolo.

# Pollo al limone con menta

Tempo di preparazione + cottura: 2 ore 40 minuti | Porzioni: 3

## Ingredienti:

1 chilogrammo di cosce di pollo disossate e senza pelle

¼ tazza di olio

1 cucchiaio di succo di limone appena spremuto

2 spicchi d'aglio schiacciati

1 cucchiaino di zenzero

½ cucchiaino di pepe di cayenna

1 cucchiaino di menta fresca, tritata

½ cucchiaino di sale

## Indicazioni:

In una piccola ciotola, mescolare l'olio d'oliva con il succo di limone, l'aglio, lo zenzero macinato, la menta, il pepe di cayenna e il sale. Applicare questa miscela liberamente su ogni coscia e conservare in frigorifero per almeno 30 minuti.

Rimuovere le cosce dal frigorifero. Mettere in un grande sacchetto sottovuoto e cuocere per 2 ore a 149F. Togliere dal sacchetto sottovuoto e servire subito con i cipollotti.

# Pollo con marmellata di ciliegie

Tempo di preparazione + cottura: 4 ore 25 minuti | Porzioni: 4

## ingredienti

2 chilogrammi di pollo con le ossa, con la pelle
4 cucchiai di marmellata di ciliegie
2 cucchiai di noce moscata macinata
Sale e pepe nero a piacere

## Manuale di istruzioni

Preparare un bagnomaria e metterci dentro il Sous Vide. Riscaldare a 172 F. Condire il pollo con sale e pepe e mescolare con altri ingredienti. Mettere in un sacchetto sottovuoto. Rilasciare l'aria utilizzando il metodo di spremitura dell'acqua, sigillare e immergere il sacchetto in un bagno d'acqua. Cuocere per 4 ore.

Quando il timer si ferma, rimuovere la busta e trasferirla su una teglia. Preriscalda il forno a 450 F. e cuoci per 10 minuti fino a quando diventa croccante. Trasferire in un piatto e servire.

# Cosce di pollo piccanti dolci

Tempo di preparazione + cottura: 2 ore 20 minuti | Porzioni: 3

## Ingredienti:

½ cucchiaio di zucchero

½ tazza di salsa di soia

2½ cucchiaini di zenzero, tritato

2½ cucchiaini di aglio tritato

2½ cucchiaini di purea di peperoncino rosso

¼ di libbra di piccole cosce di pollo senza pelle

2 cucchiai di olio d'oliva

2 cucchiai di semi di sesamo per la decorazione

1 cipolla, tritata per guarnire

Sale e pepe nero a piacere

## Indicazioni:

Creare un bagno d'acqua, metterlo in Sous Vide e impostare a 165 F. Condire il pollo con sale e pepe. Mettere il pollo in un sacchetto sottovuoto, espellere l'aria con il metodo della spremitura dell'acqua e sigillarlo.

Metti la busta a bagnomaria e imposta il timer per 2 ore. Quando il timer si ferma, rimuovi e apri il sacchetto. In una ciotola, mescolare il resto degli ingredienti elencati, ad eccezione dell'olio d'oliva. Accantonare. Scaldare l'olio in una padella a fuoco medio, aggiungere il pollo.

Una volta che sono leggermente dorati su entrambi i lati, aggiungi la salsa e ricopri il pollo. Cuocere per 10 minuti. Guarnire con sesamo e cipolle. Servire con riso al cavolfiore.

# Petti di pollo ripieni

Tempo di preparazione + cottura: 1 ora e 15 minuti | Porzioni: 5

## Ingredienti:

2 chilogrammi di petto di pollo senza pelle e senza ossa
2 cucchiai di prezzemolo fresco tritato
2 cucchiai di basilico fresco, tritato
1 uovo grande
½ tazza di cipollotti tritati
Sale e pepe nero a piacere
2 cucchiai di olio d'oliva

## Indicazioni:

Crea un bagno d'acqua, mettici dentro il Sous Vide e impostalo a 165 F. Lava accuratamente i petti di pollo e asciugali con carta assorbente. Cospargere con un po' di sale e pepe e mettere da parte.

Mescolare in una ciotola l'uovo, il prezzemolo, il basilico e i cipollotti. Mescolare fino a quando ben combinato. Metti i petti di pollo su un piatto pulito e metti al centro il composto di uova. Stringi forte il petto. Metti i petti in sacchetti sottovuoto individuali e premi per rimuovere l'aria. Chiudere il coperchio e metterlo nel bagno d'acqua preparato. Cuocere sottovuoto per 1 ora. Quando il timer si ferma, rimuovere i petti di pollo. Scaldare l'olio in una padella a fuoco medio. Aggiungere i petti di pollo e cuocere per 2 minuti per lato.

# Pollo fresco

Tempo di preparazione + cottura: 2 ore 40 minuti | Porzioni: 8

Ingredienti:

1 cinque chilogrammi di pollo, intero
3 cucchiai di succo di limone
½ tazza di olio d'oliva
6 foglie di alloro essiccate
2 cucchiai di rosmarino tritato
3 cucchiai di timo essiccato
2 cucchiai di olio di cocco
¼ di tazza di scorza di limone
3 spicchi d'aglio, tritati
Sale e pepe nero a piacere

Indicazioni:

Crea un bagno d'acqua, mettilo in Sous Vide e imposta a 149 F. Sciacqua bene il pollo sotto l'acqua corrente fredda e asciugalo con un tovagliolo di carta. Accantonare.

In una piccola ciotola, mescolare l'olio d'oliva con sale, succo di limone, foglie di alloro essiccate, rosmarino e timo. Farcire la cavità del pollo con gli spicchi di limone e questo composto.

In un'altra ciotola, mescolare l'olio di cocco con la scorza di limone e l'aglio. Rimuovere la pelle di pollo dalla carne. Strofina questa miscela sotto la pelle e mettila in un grande sacchetto di plastica. Raffreddare per 30 minuti. Togliere dal frigorifero e mettere in un sacchetto grande sottovuoto. Metti la busta a bagnomaria e imposta il timer per 2 ore.

# Cosce di pollo alla mediterranea

Tempo di preparazione + cottura: 1 ora e 40 minuti | Porzioni: 3

## Ingredienti:

1 chilogrammo di cosce di pollo

1 tazza di olio d'oliva

½ tazza di succo di lime appena spremuto

½ tazza di foglie di prezzemolo, tritate

3 spicchi d'aglio schiacciati

1 cucchiaio di pepe di cayenna

1 cucchiaino di origano essiccato

1 cucchiaino di sale marino

## Indicazioni:

Sciacquate la carne sotto l'acqua fredda corrente e scolatela in un colino capiente. In una ciotola, mescolare l'olio d'oliva con il succo di lime, il prezzemolo tritato, l'aglio schiacciato, il pepe di cayenna, l'origano e il sale. Immergere i filetti in questa miscela e coprire. Raffreddare per 30 minuti.

Rimuovere la carne dal frigorifero e scolarla. Mettere in un contenitore capiente sottovuoto e cuocere in Sous Vide a 70°C per un'ora.

# Petto di pollo con salsa harissa

Tempo di preparazione + cottura: 65 minuti | Porzioni: 4

## ingredienti

Petto di pollo da 1 chilogrammo a cubetti
1 gambo di citronella fresca, tritato
2 cucchiai di salsa di pesce
2 cucchiai di zucchero di cocco
Aggiungi sale a piacere
1 cucchiaio di salsa harissa

## Manuale di istruzioni

Preparare un bagnomaria e metterci dentro il Sous Vide. Impostare a 149 F. Unire la citronella, la salsa di pesce, lo zucchero e il sale in un frullatore. Marinare il pollo con la salsa e fare degli spiedini. Mettilo in un sacchetto sigillabile sottovuoto. Rilasciare l'aria utilizzando il metodo di spremitura dell'acqua, sigillare e immergere il sacchetto in un bagno d'acqua. Cuocere per 45 minuti.

Quando il timer si ferma, rimuovere il sacchetto e trasferirlo in un bagno di acqua fredda. Togliere il pollo e versarci sopra la salsa harissa. Scaldare una padella a fuoco medio e friggere il pollo. Servire.

# Pollo all'aglio con funghi

Tempo di preparazione + cottura: 2 ore 15 minuti | Porzioni: 6

## Ingredienti:

2 chilogrammi di cosce di pollo senza pelle

1 chilogrammo di funghi cremini, affettati

1 tazza di brodo di pollo

1 spicchio d'aglio, schiacciato

4 cucchiai di olio d'oliva

½ cucchiaino di cipolla in polvere

½ cucchiaino di foglie di salvia essiccate

¼ di cucchiaino di pepe di cayenna

Sale e pepe nero a piacere

## Indicazioni:

Lavare accuratamente le cosce sotto l'acqua fredda corrente. Asciugare con un tovagliolo di carta e mettere da parte. Scaldare l'olio d'oliva in una padella capiente a fuoco medio. Friggere le cosce di pollo su entrambi i lati per 2 minuti. Togliere dalla padella e mettere da parte.

Ora aggiungi l'aglio e friggi fino a quando diventa marrone chiaro. Mescolare i funghi, versare sopra il brodo e cuocere fino a quando non bolle. Togliere dalla padella e mettere da parte. Condisci le cosce con sale, pepe, pepe di Cayenna e cipolla in polvere. Mettere in un sacchetto capiente sottovuoto con i funghi e la salvia. Sigillare il sacchetto e cuocere in Sous Vide per 2 ore a 149F.

# Cosce di pollo con verdure

Tempo di preparazione + cottura: 4 ore 10 minuti | Porzioni: 4

Ingredienti:

1 chilogrammo di cosce di pollo
1 bicchiere di olio extravergine di oliva
¼ di tazza di aceto di mele
3 spicchi d'aglio schiacciati
½ tazza di succo di limone appena spremuto
1 cucchiaio di basilico fresco, tritato
2 cucchiai di timo fresco, tritato
1 cucchiaio di rosmarino fresco, tritato
1 cucchiaino di pepe di cayenna
1 cucchiaino di sale

Indicazioni:

Sciacquare la carne sotto l'acqua corrente fredda e metterla in un colino capiente a scolare. Accantonare.

In una ciotola capiente, mescola l'olio d'oliva con l'aceto di mele, l'aglio, il succo di limone, il basilico, il timo, il rosmarino, il sale e il pepe di cayenna. Immergere le cosce in questa miscela e conservare in frigorifero per un'ora. Togliere la carne dalla marinata e scolarla. Mettere in un grande sacchetto sottovuoto e cuocere in Sous Vide per 3 ore a 149F.

# Budino di pollo con cuori di carciofi

Tempo di preparazione + cottura: 1 ora e 30 minuti | Porzioni: 3

## Ingredienti:

1 chilogrammo di petto di pollo disossato e senza pelle
2 carciofi medi
2 cucchiai di burro
2 cucchiai di olio extravergine di oliva
1 limone, spremuto nel succo
Una manciata di foglie di prezzemolo fresco, tritate finemente
Sale e pepe nero a piacere
½ cucchiaino di peperoncino

## Indicazioni:

Sciacquare bene la carne e asciugarla con salviette di carta. Tagliare la carne in pezzi più piccoli con un coltello affilato e rimuovere le ossa. Condire con olio d'oliva e mettere da parte.

Scaldare una padella a fuoco medio. Ridurre leggermente il fuoco a medio e aggiungere la carne. Friggere per 3 minuti fino a doratura su entrambi i lati. Togliere dal fuoco e trasferire in un grande sacchetto sigillabile sottovuoto. Sigillare il sacchetto e cuocere in Sous Vide per un'ora a 149F.

Nel frattempo preparate i carciofi. Tagliare il limone a metà e spremere il succo in una piccola ciotola. Dividi il succo a metà e mettilo da parte. Tagliate le foglie più esterne con un coltello affilato fino a raggiungere le foglie gialle e morbide. Tagliare la pelle esterna verde attorno alla base del carciofo e cuocere a vapore. Assicurati di rimuovere i "peli" attorno al cuore del carciofo. Sono immangiabili, quindi buttali via.

Tagliate il carciofo a pezzetti di mezzo centimetro. Strofinatene metà con succo di limone e mettetela in una pentola dal fondo spesso. Aggiungere abbastanza acqua da coprire e cuocere fino a quando non sarà completamente tenero. Togliere dal fuoco e scolare. Raffreddare per un po 'a temperatura ambiente. Taglia ogni pezzo a strisce sottili.

In una ciotola capiente unire i carciofi al pollo. Mescolare sale, pepe e il restante succo di limone. Sciogliere il burro a fuoco medio e versarlo sul budino. Spolverare con peperoncino e servire.

# Zucca al burro di mandorle e insalata di pollo

Tempo di preparazione + cottura: 1 ora e 15 minuti | Porzioni: 2

ingredienti

6 filetti di pollo
4 tazze di zucca, a dadini e arrostite
4 tazze di pomodori rucola
4 cucchiai di mandorle affettate
1 succo di limone
2 cucchiai di olio d'oliva
4 cucchiai di cipolla rossa tritata
1 cucchiaio di paprika
1 cucchiaio di curcuma
1 cucchiaio di cumino
Aggiungi sale a piacere

## Manuale di istruzioni

Preparare un bagnomaria e metterci dentro il Sous Vide. Impostato su 138F.

Mettere il pollo e tutte le spezie in un sacchetto sottovuoto. Agitare bene. Rilasciare l'aria utilizzando il metodo di spremitura dell'acqua, sigillare e immergere il sacchetto in un bagno d'acqua. Cuocere per 60 minuti.

Quando il timer si ferma, rimuovere la busta e trasferirla in una padella calda. Friggere per 1 minuto su ciascun lato. Unire gli ingredienti rimanenti in una ciotola. Servire con il pollo in cima.

# Insalata di pollo e noci

Tempo di preparazione + cottura: 2 ore 20 minuti | Porzioni: 4

## ingredienti

2 petti di pollo senza pelle e disossati
Sale e pepe nero a piacere
1 cucchiaio di olio di mais
1 mela, sbucciata e tagliata a cubetti
1 cucchiaino di succo di lime
½ tazza di uva bianca, dimezzata
1 costa di sedano, a dadini
1/3 di tazza di maionese
2 cucchiaini di vino Chardonnay
1 cucchiaino di senape di Digione
1 cespo di lattuga romana
½ dl di noci tostate e tritate

## Manuale di istruzioni

Preparare un bagnomaria e metterci dentro il Sous Vide. Impostare a 146F.

Mettere il pollo in un sacchetto sottovuoto e condire con sale e pepe. Rilasciare l'aria utilizzando il metodo di spremitura dell'acqua,

sigillare e immergere il sacchetto in un bagno d'acqua. Cuocere per 2 ore.

Quando il timer si ferma, rimuovere la busta e gettare i succhi di cottura. In una ciotola capiente, mescolare le fette di mela con il succo di lime. Aggiungere il sedano e l'uva bianca. Mescolare bene.

In un'altra ciotola, mescolare la maionese, la senape di Dijon e il vino Chardonnay. Versare il composto sulla frutta e mescolare bene. Sminuzzare il pollo e metterlo in una ciotola media, condire con sale e mescolare bene. Mettere il pollo in un'insalatiera. Metti la lattuga romana nelle insalatiere e aggiungi l'insalata. Decorare con le noci.

# Costolette di vitello al pepe con funghi di pino

Tempo di preparazione + cottura: 3 ore 15 minuti | Porzioni: 5

## Ingredienti:

1 chilogrammo di braciola di vitello
1 chilogrammo di funghi di pino, a fette
½ tazza di succo di limone appena spremuto
1 cucchiaio di foglie di alloro, tritate
5 peperoni
3 cucchiai di olio vegetale
2 cucchiai di olio extravergine di oliva
Sale e pepe nero a piacere

## Indicazioni:

Preparare un bagno d'acqua, inserire Sous Vide e impostare a 154F.

Condire le costolette con sale e pepe. Mettere in un sacchetto sottovuoto in un unico strato con succo di limone, alloro, pepe in grani e olio d'oliva. Chiudi la borsa.

Immergere la busta a bagnomaria e far bollire per 3 ore. Togliere dal bagnomaria e mettere da parte. Scaldare l'olio vegetale in una padella capiente.

Aggiungere i funghi di pino e soffriggere con un pizzico di sale a fuoco medio fino a quando tutto il liquido sarà evaporato. Aggiungere le costolette di vitello con la marinata e continuare la cottura per altri 3 minuti. Servire subito.

# Costolette di vitello

Tempo di preparazione + cottura: 2 ore 40 minuti | Porzioni: 4

## Ingredienti:

2 bistecche di vitello (16 once).
Sale e pepe nero a piacere
2 cucchiai di olio d'oliva

## Indicazioni:

Preparare un bagnomaria, metterlo in Sous Vide e impostare a 140 F. Strofinare la carne di vitello con pepe e sale e metterla in un sacchetto sottovuoto. Rilasciare l'aria utilizzando il metodo di compressione dell'acqua e sigillare il sacchetto. Immergere a bagnomaria. Impostare il timer per 2 ore e 30 minuti. Cucinare.

Quando il timer si ferma, rimuovi e apri il sacchetto. Togliere la carne di vitello, asciugarla con carta assorbente e strofinare con olio d'oliva. Riscaldare la ghisa a fuoco alto per 5 minuti. Aggiungere la bistecca e friggere su entrambi i lati fino a doratura. Mettere su un tagliere. Servire con insalata.

# Vitello speziato al Porto

Tempo di preparazione + cottura: 2 ore 5 minuti | Porzioni: 6

ingredienti

3 cucchiai di burro
¾ tazza di brodo vegetale
½ bicchiere di vino Porto
¼ di tazza di funghi shiitake affettati
3 cucchiai di olio d'oliva
4 spicchi d'aglio tritati
1 porro, solo la parte bianca, tritato
Sale e pepe nero a piacere
8 filetti di vitello
1 rametto di rosmarino fresco

## Manuale di istruzioni

Preparare un bagnomaria e metterci dentro il Sous Vide. Riscaldare a 141 F. Mescolare il brodo, i funghi, il burro, l'olio d'oliva, l'aglio, i porri, il sale e il pepe. Metti la carne di vitello in un grande sacchetto sigillabile sottovuoto. Aggiungere il rosmarino e mescolare. Rilasciare l'aria utilizzando il metodo di spremitura dell'acqua, sigillare e immergere il sacchetto in un bagno d'acqua. Cuocere per 1 ora e 45 minuti.

Al termine, togliere la carne di vitello e asciugarla. Eliminare il rosmarino e versare il sugo di cottura nella pentola. Far bollire per 5 minuti. Aggiungere il vitello e cuocere per 1 minuto. Versare sopra la salsa per servire.

# Vitello Portobello

Tempo di preparazione + cottura: 2 ore 10 minuti | Porzioni: 4

## Ingredienti:

2 chilogrammi di filetto di vitello
1 tazza di brodo di manzo
4 funghi Portobello, affettati
1 cucchiaino di aglio in polvere
1 cucchiaio di origano, essiccato
3 cucchiai di aceto balsamico
2 cucchiai di olio d'oliva
Sale e pepe nero a piacere

## Indicazioni:

Prepara un bagnomaria, mettici dentro il Sous Vide e imposta la temperatura a 140F.

Mescolare in una ciotola il brodo di manzo con i funghi, l'aglio in polvere, l'origano, l'aceto balsamico, l'olio d'oliva e il sale. Strofina accuratamente ogni polpetta con questa miscela e mettila in un unico strato in un grande sacchetto sottovuoto. Aggiungere le restanti marinate e coprire. Immergere a bagnomaria e far bollire per 2 ore.

Quando il timer si ferma, rimuovi le polpette dalla busta e asciugale. Bollire i succhi di zuppa nella pentola per circa 4 minuti. Aggiungere alle polpette e cuocere per 1 minuto. Trasferire nei piatti. Versare la salsa sul vitello e servire.

# Sugo di vitello

Tempo di preparazione + cottura: 1 ora e 40 minuti | Porzioni: 3

Ingredienti:

Filetti di vitello da mezzo chilo
Sale e pepe nero a piacere
1 tazza di funghi, affettati sottilmente
⅓ tazza di panna
2 scalogni affettati sottilmente
1 cucchiaio di burro non salato
1 rametto di foglie di timo
1 cucchiaio di erba cipollina tritata per guarnire

Indicazioni:

Preparare un bagnomaria e metterci dentro il Sous Vide. Regola la temperatura a 129 F. Strofina le polpette con aglio e sale e metti la carne di vitello e tutti gli altri ingredienti elencati tranne l'erba cipollina in un sacchetto sottovuoto.

Rilasciare l'aria utilizzando il metodo di compressione dell'acqua e sigillare. Immergere a bagnomaria. Impostare il timer per 1 ora e 30 minuti e cuocere.

Una volta fatto, togliere la busta e adagiare il vitello su un piatto. Versare la salsa nella padella, eliminare il timo e lasciar sobbollire per 5 minuti. Aggiungere il vitello e cuocere per 3 minuti. Guarnire con l'erba cipollina. Servire.

# Fegato di vitello di Digione

Tempo di preparazione + cottura: 85 minuti | Porzioni: 5

## Ingredienti:

2 chilogrammi di fegato di vitello, a fette
2 cucchiai di senape di Digione
3 cucchiai di olio d'oliva
1 cucchiaio di coriandolo, tritato
1 cucchiaino di rosmarino fresco, tritato
1 spicchio d'aglio, schiacciato
½ cucchiaino di timo

## Indicazioni:

Creare un bagno d'acqua, metterlo nel Sous Vide e impostare a 129 F. Sciacquare accuratamente il fegato sotto l'acqua corrente fredda. Assicurati di risciacquare ogni traccia di sangue. Asciugare con salviette di carta. Rimuovere eventuali vene con un bisturi affilato. Tagliare trasversalmente a fettine sottili.

In una piccola ciotola, unire l'olio d'oliva, l'aglio, il coriandolo, il timo e il rosmarino. Mescolare fino a quando ben combinato. Distribuire abbondantemente questo composto sulle fette di fegato e metterle in frigorifero per 30 minuti.

Togliere dal frigorifero e mettere in un sacchetto grande sottovuoto. Immergere la busta sigillata in un bagno d'acqua e impostare il timer per 40 minuti. Quando hai finito, apri la borsa. Ungete una padella capiente con dell'olio e metteteci dentro le fettine di fegatini. Rosolare brevemente su entrambi i lati per 2 minuti. Servire con i cetriolini.

# Costolette di agnello alla africana con albicocche

Tempo di preparazione + cottura: 2 ore 15 minuti | Porzioni: 2

## ingredienti

2 filetti di agnello
Sale e pepe nero a piacere
1 cucchiaino di mix di spezie
4 albicocche
1 cucchiaio di miele
1 cucchiaino di olio d'oliva

## Manuale di istruzioni

Preparare un bagnomaria e metterci dentro il Sous Vide. Impostato su 134F.

Condire l'agnello con sale e pepe. Ricoprire le costolette di agnello con la miscela di spezie e metterle in un sacchetto sigillabile sottovuoto. Aggiungere il miele e le albicocche. Rilasciare l'aria utilizzando il metodo di spremitura dell'acqua, sigillare e immergere il sacchetto in un bagno d'acqua. Cuocere per 2 ore.

Quando il timer si ferma, rimuovere le costolette e asciugarle. Prenota le albicocche e il liquido di cottura. Scaldare una padella a fuoco medio e scottare l'agnello per 30 secondi su ciascun lato. Trasferire su un piatto e lasciare raffreddare per 5 minuti. Scolare con il liquido di cottura. Decorare con le albicocche.

# Costolette di agnello tritate con noci

Tempo di preparazione + cottura: 2 ore 35 minuti | Porzioni: 4

## ingredienti

1 chilogrammo di costolette di agnello
Sale e pepe nero a piacere
1 tazza di foglie di menta fresca
½ tazza di anacardi
½ tazza di prezzemolo fresco confezionato
½ tazza di aglio, tritato
3 cucchiai di succo di limone
2 spicchi d'aglio, tritati
6 cucchiai di olio d'oliva

## Manuale di istruzioni

Preparare un bagnomaria e metterci dentro il Sous Vide. Impostare a 125 F. Condire l'agnello con sale e pepe e metterlo in un sacchetto sigillabile sottovuoto. Rilasciare l'aria utilizzando il metodo di spremitura dell'acqua, sigillare e immergere il sacchetto in un bagno d'acqua. Cuocere per 2 ore.

In un robot da cucina, unire la menta, il prezzemolo, gli anacardi, l'aglio, lo scalogno e il succo di limone. Condire con 4 cucchiai di olio d'oliva. Condire con sale e pepe. Quando il timer si ferma, rimuovere l'agnello, condire con 2 cucchiai di olio d'oliva e trasferirlo su una griglia calda. Cuocere per 1 minuto per lato. Servire con le noci.

# Carrè di agnello marinato in senape e miele

Tempo di preparazione + cottura: 1 ora e 10 minuti | Porzioni: 4

## ingredienti

1 carré di agnello, tagliato
3 cucchiai di miele
2 cucchiai di senape di Digione
1 cucchiaino di aceto di sherry
Aggiungi sale a piacere
2 cucchiai di olio di avocado
Cipolla rossa tritata

## Manuale di istruzioni

Preparare un bagnomaria e metterci dentro il Sous Vide. Impostare a 135 F. Mescolare bene tutti gli ingredienti tranne l'agnello. Ricoprire l'agnello con il composto e metterlo in un sacchetto sigillabile sottovuoto. Rilasciare l'aria utilizzando il metodo di spremitura dell'acqua, sigillare e immergere il sacchetto in un bagno d'acqua. Cuocere per 1 ora.

Quando il timer si è fermato, rimuovere l'agnello e trasferirlo in un piatto. Prenota i succhi di zuppa. Scaldare l'olio in una padella a fuoco medio e friggere l'agnello per 2 minuti su ciascun lato.

Sminuzzatelo e irroratelo con il sugo di cottura. Guarnire con cipolla rossa.

# Polpette di agnello con salsa allo yogurt

Tempo di preparazione + cottura: 2 ore 15 minuti | Porzioni: 2

ingredienti

½ chilogrammo di carne di montone tritata

¼ di tazza di prezzemolo fresco tritato

¼ tazza di cipolla, tritata

¼ di tazza di mandorle tostate, tritate

2 spicchi d'aglio, tritati

Aggiungi sale a piacere

2 cucchiaini di coriandolo macinato

¼ di cucchiaino di cannella in polvere

1 tazza di yogurt

½ tazza di cetriolo a dadini

3 cucchiai di menta fresca tritata

1 cucchiaino di succo di limone

¼ di cucchiaino di pepe di cayenna

Pane pitta

## Manuale di istruzioni

Preparare un bagnomaria e metterci dentro il Sous Vide. Impostare a 134 F. Unire agnello, cipolla, mandorle, sale, aglio, cannella e coriandolo. Formare 20 palline e metterle in un sacchetto sottovuoto. Rilasciare l'aria utilizzando il metodo di spremitura dell'acqua, sigillare e immergere il sacchetto in un bagno d'acqua. Cuocere per 120 minuti.

Nel frattempo, prepara il condimento mescolando lo yogurt, la menta, il cetriolo, il pepe di Caienna, il succo di limone e 1 cucchiaio di sale. Quando il timer si ferma, estrai le palline e inforna per 3-5 minuti. Versare sopra la salsa e servire con pane pita.

# Riso alla spalla di agnello piccante

Tempo di preparazione + cottura: 24 ore 10 minuti | Porzioni: 2

## ingredienti

1 spalla di agnello arrosto, disossata
1 cucchiaio di olio d'oliva
1 cucchiaio di curry in polvere
2 cucchiaini di sale all'aglio
1 cucchiaino di coriandolo
1 cucchiaino di cumino macinato
1 cucchiaino di scaglie di peperoncino rosso essiccato
1 tazza di riso integrale, cotto

## Manuale di istruzioni

Preparare un bagnomaria e metterci dentro il Sous Vide. Impostato su 158F.

Mescolare olio d'oliva, aglio, sale, cumino, coriandolo e scaglie di peperoncino. Marinare l'agnello. Mettere in un sacchetto sottovuoto. Rilasciare l'aria utilizzando il metodo di spremitura dell'acqua, sigillare e immergere il sacchetto in un bagno d'acqua. Cuocere per 24 ore.

Quando è pronto, togliere l'agnello e tagliarlo a fette. Servire con i succhi di zuppa sul riso.

# Bistecche di agnello al peperoncino ricoperte di semi di sesamo

Tempo di preparazione + cottura: 3 ore 10 minuti | Porzioni: 2

## ingredienti

2 bistecche di agnello
2 cucchiai di olio d'oliva
Sale e pepe nero a piacere
2 cucchiai di olio di avocado
1 cucchiaino di semi di sesamo
Un pizzico di peperoncino

## Manuale di istruzioni

Preparare un bagnomaria e metterci dentro il Sous Vide. Impostare a 138 F. Mettere l'agnello in un sacchetto sigillabile sottovuoto con l'olio d'oliva. Rilasciare l'aria utilizzando il metodo di spremitura dell'acqua, sigillare e immergere il sacchetto in un bagno d'acqua. Cuocere per 3 ore.

Al termine, asciuga l'agnello. Condire con sale e pepe. Scaldare l'olio di avocado in una padella a fuoco alto e friggere l'agnello. Tagliare a listarelle. Guarnire con semi di sesamo e scaglie di pepe.

# Agnello dolce con salsa di senape

Tempo di preparazione + cottura: 1 ora e 10 minuti | Porzioni: 4

Meingredienti

1 agnello, tagliato

3 cucchiai di miele liquido

2 cucchiai di senape di Digione

1 cucchiaino di aceto di sherry

Aggiungi sale a piacere

2 cucchiai di olio di avocado

1 cucchiaio di timo

Semi di senape tostati per guarnire

Cipolla verde tritata

## Manuale di istruzioni

Preparare un bagnomaria e metterci dentro il Sous Vide. Impostare su 135 F. Unire tutti gli ingredienti tranne l'agnello. Metti l'agnello in un sacchetto sigillabile sottovuoto. Rilasciare l'aria utilizzando il metodo di spremitura dell'acqua, sigillare e immergere il sacchetto in un bagno d'acqua. Cuocere per 1 ora. Quando il timer si è fermato, rimuovere l'agnello e trasferirlo in un piatto.

Scaldare l'olio in una padella a fuoco alto e friggere l'agnello per 2 minuti su ciascun lato. Tritare e versare sopra il fondo di cottura. Guarnire con cipolle verdi e semi di senape tostati.

# Agnello alla menta e limone

Tempo di preparazione + cottura: 2 ore 15 minuti | Porzioni: 2

## ingredienti

1 carré di agnello

Sale e pepe nero a piacere

2 rametti di rosmarino fresco

¼ tazza di olio d'oliva

2 tazze di fagioli di lima freschi, sgusciati, sbollentati e sbucciati

1 cucchiaio di succo di limone

1 cucchiaio di erba cipollina fresca, tritata

1 cucchiaio di prezzemolo fresco, tritato

1 cucchiaio di menta fresca

1 spicchio d'aglio, tritato

## Manuale di istruzioni

Preparare un bagnomaria e metterci dentro il Sous Vide. Impostare a 125 F. Condire l'agnello con sale e pepe e metterlo in un sacchetto sigillabile sottovuoto. Rilasciare l'aria utilizzando il metodo di spremitura dell'acqua, sigillare e immergere il sacchetto in un bagno d'acqua. Cuocere per 2 ore.

Quando il timer si ferma, rimuovi l'agnello e asciugalo. Scaldare 1 cucchiaio di olio d'oliva su una griglia a fuoco alto e cuocere l'agnello per 3 minuti. Mettere da parte e lasciare raffreddare.

Per l'insalata, mescolare fagioli di lima, succo di limone, prezzemolo, erba cipollina, menta, aglio e 3 cucchiai di olio d'oliva. Condire con sale e pepe. Tagliare l'agnello a pezzi e servire con insalata di fagioli di lima.

# Costolette di agnello al limone con salsa chimichurri

Tempo di preparazione + cottura: 2 ore 15 minuti | Porzioni: 4

## ingredienti

4 costolette di agnello

2 cucchiai di olio di avocado

Sale e pepe nero a piacere

1 tazza di prezzemolo fresco ben confezionato, tritato

2 cucchiai di origano fresco

1 spicchio d'aglio, tritato finemente

1 cucchiaio di aceto di champagne

1 cucchiaio di succo di limone

1 cucchiaio di paprika affumicata

¼ di cucchiaino di scaglie di peperoncino tritato

1/3 di tazza di burro non salato, ammorbidito

## Manuale di istruzioni

Preparare un bagnomaria e metterci dentro il Sous Vide. Impostare a 132 F. Condire l'agnello con sale e pepe e metterlo in un sacchetto sigillabile sottovuoto. Rilasciare l'aria utilizzando il metodo di spremitura dell'acqua, sigillare e immergere il sacchetto in un bagno d'acqua. Cuocere per 2 ore.

Mescolare in una ciotola prezzemolo, aglio, origano, aceto di champagne, paprika, succo di limone, scaglie di paprika, pepe nero, sale e burro morbido. Lasciar raffreddare in frigorifero.

Quando il timer si ferma, rimuovi l'agnello e asciugalo. Condire con sale e pepe. Scaldare l'olio di avocado in una padella a fuoco alto e scottare l'agnello per qualche minuto su tutti i lati. Condire con salsa al burro e servire.

# Stinco di agnello con verdure e salsa dolce

Tempo di preparazione + cottura: 48 ore 45 minuti | Porzioni: 4

## ingredienti

4 stinchi di agnello

2 cucchiai di olio

2 tazze di farina per tutti gli usi

1 cipolla rossa, affettata

4 spicchi d'aglio, schiacciati e sbucciati

4 carote medie a cubetti

4 gambi di sedano a cubetti medi

3 cucchiai di passata di pomodoro

½ tazza di aceto di sherry

1 bicchiere di vino rosso

¾ tazza di miele

1 tazza di brodo di manzo

4 rametti di rosmarino fresco

2 foglie di alloro

Sale e pepe nero a piacere

## Manuale di istruzioni

Preparare un bagnomaria e metterci dentro il Sous Vide. Impostare a 155F.

Scaldare l'olio in una padella a fuoco alto. Condire le bistecche con sale, pepe e farina. Friggere fino a doratura. Accantonare. Ridurre il fuoco e cuocere la cipolla, la carota, l'aglio e il sedano per 10 minuti. Condire con sale e pepe. Mescolare la passata di pomodoro e cuocere per un altro 1 minuto. Aggiungere aceto, brodo, vino, miele, alloro. Cuocere per 2 minuti.

Mettere le verdure, la salsa e l'agnello in un sacchetto sottovuoto. Rilasciare l'aria utilizzando il metodo di spremitura dell'acqua, sigillare e immergere il sacchetto in un bagno d'acqua. Cuocere per 48 ore.

Quando il timer si ferma, rimuovere i gambi e asciugare. Prenota i succhi di zuppa. Friggere i gambi per 5 minuti fino a doratura. Riscaldare la pentola e versarvi il sugo di cottura. Cuocere fino a quando ridotto, 10 minuti. Sollevare i gambi su un piatto e condire con la salsa per servire.

# Spezzatino di pancetta e agnello

Tempo di preparazione + cottura: 24 ore 25 minuti | Porzioni: 6

ingredienti

2 chilogrammi di spalla di agnello disossata, tagliata a cubetti

4 once di pancetta, tagliata a listarelle

1 bicchiere di vino rosso

2 cucchiai di passata di pomodoro

1 tazza di brodo di manzo

4 scalogni grandi, tagliati in quattro

4 carote, tritate

4 gambi di sedano, tritati

3 spicchi d'aglio schiacciati

1 chilogrammo di patate tagliate nel senso della lunghezza

4 once di funghi Portobello essiccati

3 rametti di rosmarino fresco

3 rametti di timo fresco

Sale e pepe nero a piacere

## Manuale di istruzioni

Preparare un bagnomaria e metterci dentro il Sous Vide. Impostare a 146F.

Scaldare una padella a fuoco alto e cuocere la pancetta fino a doratura. Accantonare. Condire l'agnello con sale e pepe e friggere nella stessa padella; mettere da parte. Versare il vino e il brodo e cuocere per 5 minuti.

Mettere il composto di vino, l'agnello, la pancetta, i succhi, le verdure e le erbe aromatiche in un sacchetto sigillabile sottovuoto. Rilasciare l'aria utilizzando il metodo di spremitura dell'acqua, sigillare e immergere il sacchetto in un bagno d'acqua. Cuocere per 24 ore.

Quando il timer si ferma, togliere il sacchetto e versare il fondo di cottura in una pentola calda a fuoco medio e cuocere per 15 minuti. Mescolare l'agnello per cuocere per qualche minuto e servire.

# Costolette di agnello al limone e pepe con chutney di papaya

Tempo di preparazione + cottura: 1 ora e 15 minuti | Porzioni: 4

## ingredienti

8 costolette di agnello
2 cucchiai di olio d'oliva
½ cucchiaino di Garam Masala
¼ di cucchiaino di pepe al limone
Un tocco di pepe all'aglio
Sale e pepe nero a piacere
½ tazza di yogurt
¼ tazza di coriandolo fresco tritato
2 cucchiai di chutney di papaya
1 cucchiaio di curry in polvere
1 cucchiaio di cipolla, tritata
Coriandolo tritato per la decorazione

## Manuale di istruzioni

Preparare un bagnomaria e metterci dentro il Sous Vide. Impostare a 138 F. Spennellare le costolette con olio d'oliva e cospargere con Garam Masala, pepe al limone, aglio in polvere, sale e pepe. Mettere in un sacchetto sottovuoto. Rilasciare l'aria utilizzando il metodo di spremitura dell'acqua, sigillare e immergere il sacchetto in un bagno d'acqua. Cuocere per 1 ora.

Nel frattempo preparate la salsa mescolando yogurt, chutney di papaya, coriandolo, curry e cipolla. Trasferire su un piatto. Quando il timer si ferma, rimuovi l'agnello e asciugalo. Scaldare l'olio rimanente in una padella a fuoco medio e scottare l'agnello per 30 secondi su ciascun lato. Scolare su una teglia. Servire le cotolette con la salsa allo yogurt. Guarnire con coriandolo.

# Spiedini di agnello piccanti

Tempo di preparazione + cottura: 2 ore 20 minuti | Porzioni: 4

## ingredienti

1 kg di cosciotto d'agnello, disossato, a dadini
2 cucchiai di pasta di peperoncino
1 cucchiaio di olio d'oliva
Aggiungi sale a piacere
1 cucchiaino di cumino
1 cucchiaino di coriandolo
½ cucchiaino di pepe nero
yogurt greco
Foglie di menta fresca per servire

## Manuale di istruzioni

Preparare un bagnomaria e metterci dentro il Sous Vide. Impostare su 134 F. Unire tutti gli ingredienti e metterli in un sacchetto sigillabile sottovuoto. Rilasciare l'aria utilizzando il metodo di spremitura dell'acqua, sigillare e immergere il sacchetto in un bagno d'acqua. Cuocere per 2 ore.

Quando il timer si ferma, rimuovi l'agnello e asciugalo. Trasferisci l'agnello sulla griglia e cuoci per 5 minuti. Mettere da parte e lasciare riposare per 5 minuti. Servito con yogurt greco e menta.

# Agnello alle erbe con verdure

Tempo di preparazione + cottura: 48 ore 30 minuti | Porzioni: 8)

## ingredienti

2 stinchi di agnello, con l'osso

1 lattina di pomodoro a cubetti con succo

1 tazza di brodo di vitello

1 tazza di cipolla, tritata finemente

½ tazza di sedano, tritato finemente

½ tazza di carote, tritate finemente

½ bicchiere di vino rosso

2 rametti di rosmarino fresco

Sale e pepe nero a piacere

1 cucchiaino di coriandolo macinato

1 cucchiaino di cumino macinato

1 cucchiaino di timo

## Manuale di istruzioni

Preparare un bagnomaria e metterci dentro il Sous Vide. Impostare a 149F.

Mescolare tutti gli ingredienti e metterli in un sacchetto sottovuoto. Rilasciare l'aria utilizzando il metodo di spremitura dell'acqua,

sigillare e immergere il sacchetto in un bagno d'acqua. Cuocere per 48 ore.

Quando il timer si ferma, rimuovere i gambi e trasferirli in un piatto e raffreddare per 48 ore. Pulire l'agnello, eliminando le ossa e il grasso, quindi tagliarlo a listarelle. Versare nella pentola i succhi di minestra senza grassi e l'agnello. Cuocere per 10 minuti a fuoco vivo fino a quando la salsa si addensa. Servire.

# Carré di agnello all'aglio

Tempo di preparazione + cottura: 1 ora e 30 minuti | Porzioni: 4

## ingredienti

2 cucchiai di burro

2 carré di agnello, francese

1 cucchiaio di olio d'oliva

1 cucchiaio di olio di sesamo

4 spicchi d'aglio tritati

4 rametti di basilico fresco, tagliati a metà

Sale e pepe nero a piacere

## Manuale di istruzioni

Preparare un bagnomaria e metterci dentro il Sous Vide. Impostare a 130 F. Condire l'agnello con sale e pepe. Mettere in un grande sacchetto sigillabile sottovuoto. Rilasciare l'aria utilizzando il metodo di spremitura dell'acqua, sigillare e immergere il sacchetto in un bagno d'acqua. Cuocere per 1 ora e 15 minuti.

Quando il timer si ferma, rimuovere la griglia e asciugare con un panno da cucina. Scaldare l'olio di sesamo in una padella a fuoco alto e friggere in padella per 1 minuto per lato. Accantonare.

Mettete 1 cucchiaio di burro in una padella e aggiungete metà dell'aglio e metà del basilico. In alto su un supporto. Cuocere la piastra per 1 minuto. Girare e versare altro burro. Ripetere il processo per tutti i rack. Tagliare a pezzi e servire 4 pezzi su ogni piatto.

# Carrè di agnello incrostato di erbe

Tempo di preparazione + cottura: 3 ore 30 minuti | Porzioni: 6

Ingredienti:

Lato di agnello:

3 grandi rastrelliere per pecore

Sale e pepe nero a piacere

1 rametto di rosmarino

2 cucchiai di olio d'oliva

Corteccia di erbe:

2 cucchiai di foglie di rosmarino fresco

½ tazza di noci di macadamia

2 cucchiai di senape di Digione

½ tazza di prezzemolo fresco

2 cucchiai di foglie di timo fresco

2 cucchiai di scorza di limone

2 spicchi d'aglio

2 albumi d'uovo

Indicazioni:

Crea un bagno d'acqua, mettici dentro il Sous Vide e imposta la temperatura a 140F.

Asciugare l'agnello con un tovagliolo di carta e strofinare la carne con sale e pepe nero. Metti una padella a fuoco medio e aggiungi l'olio d'oliva. Quando l'agnello è riscaldato, friggerlo su entrambi i lati per 2 minuti; mettere da parte.

Aggiungere l'aglio e il rosmarino, soffriggere per 2 minuti e aggiungere l'agnello. Lascia che l'agnello assorba i sapori per 5 minuti.

Mettere l'agnello, l'aglio e il rosmarino in un sacchetto sottovuoto, espellere l'aria con il metodo della spremitura dell'acqua e sigillare il sacchetto. Immergi la borsa a bagnomaria.

Impostare il timer per cuocere per 3 ore. Quando il timer si è fermato, rimuovere il sacchetto, aprirlo e rimuovere l'agnello. Montate a neve gli albumi e metteteli da parte.

Mescolare il resto degli ingredienti della crosta di erbe elencati con un frullatore e mettere da parte. Asciugare l'agnello con della carta assorbente e spennellarlo con l'albume. Immergere le erbe nella miscela e ricoprirle bene.

Adagiare il carré di agnello su una teglia, con la pelle rivolta verso l'alto. Cuocere in forno per 15 minuti. Tagliare con cura ogni polpetta con un coltello affilato. Servito con verdure bollite.

# Famosi spiedini di agnello e ciliegie sudafricani

Tempo di preparazione + cottura: 8 ore 40 minuti | Porzioni: 6

## ingredienti

¾ tazza di aceto bianco

½ bicchiere di vino rosso secco

2 cipolle, tritate

4 spicchi d'aglio tritati

Scorza di 2 limoni

6 cucchiai di zucchero di canna

2 cucchiai di semi di cumino, schiacciati

1 cucchiaio di marmellata di ciliegie

1 cucchiaio di farina di mais

1 cucchiaio di curry in polvere

1 cucchiaio di zenzero grattugiato

2 cucchiaini di sale

1 cucchiaino di pimento

1 cucchiaino di cannella in polvere

4½ chilogrammi di spalla di agnello, a cubetti

1 cucchiaio di burro

6 cipolline, sbucciate e tagliate a metà

12 ciliegie secche, tagliate a metà

2 cucchiai di olio d'oliva

## Manuale di istruzioni

Preparare un bagnomaria e metterci dentro il Sous Vide. Impostato su 141F.

Mescolare bene l'aceto, il vino rosso, la cipolla, l'aglio, la scorza di limone, lo zucchero di canna, il cumino, la marmellata di ciliegie, la farina di mais, il curry, lo zenzero, il sale, il pimento e la cannella.

Metti l'agnello in un grande sacchetto sigillabile sottovuoto. Rilasciare l'aria utilizzando il metodo di spremitura dell'acqua, sigillare e immergere il sacchetto in un bagno d'acqua. Cuocere per 8 ore. Scaldare il burro in una casseruola per 20 minuti e soffriggere le cipolle per 8 minuti fino a renderle morbide. Mettere da parte e lasciare raffreddare.

Quando il timer si ferma, rimuovi l'agnello e asciugalo con un tovagliolo di carta. Prenota i succhi di cottura e trasferiscili in una casseruola a fuoco medio e cuoci per 10 minuti fino a ridurli della metà. Riempi gli spiedini con tutti gli ingredienti del kebab e arrotolali. Scaldare l'olio d'oliva su una griglia a fuoco vivo e cuocere gli spiedini per 45 secondi per lato.

# Peperone e curry di agnello

Tempo di preparazione + cottura: 30 ore 30 minuti | Porzioni: 4

## ingredienti

2 cucchiai di burro

2 peperoni, tritati

3 spicchi d'aglio, tritati

1 cucchiaino di curcuma

1 cucchiaino di cumino macinato

1 cucchiaino di paprika

1 cucchiaino di zenzero fresco grattugiato

½ cucchiaino di sale

2 pezzi di cardamomo

2 rametti di timo fresco

2¼ chilogrammi di montone disossato, a cubetti

1 cipolla grande, tritata

3 pomodori, tritati

1 cucchiaino di pimento

2 cucchiai di yogurt greco

1 cucchiaio di coriandolo fresco tritato

## Manuale di istruzioni

Preparare un bagnomaria e metterci dentro il Sous Vide. Impostare a 179 F. Unire 1 cucchiaio di burro, paprika, 2 spicchi d'aglio, curcuma, cumino, paprika, zenzero, sale, cardamomo e timo. Mettere l'agnello con il composto di burro in un sacchetto sigillabile sottovuoto. Rilasciare l'aria utilizzando il metodo di spremitura dell'acqua, sigillare e immergere il sacchetto in un bagno d'acqua. Cuocere per 30 ore.

Quando il timer si ferma, rimuovi il sacchetto e mettilo da parte. Scaldare il burro in una casseruola a fuoco alto. Aggiungere la cipolla e soffriggere per 4 minuti. Aggiungere il resto dell'aglio e cuocere per un altro 1 minuto. Ridurre il fuoco e aggiungere i pomodori e il pimento. Cuocere per 2 minuti. Versare i succhi di yogurt, agnello e zuppa. Cuocere per 10-15 minuti. Guarnire con coriandolo.

# Formaggio di capra Costolette di agnello

Tempo di preparazione + cottura: 4 ore 10 minuti | Porzioni: 2

## Ingredienti:

Costolette:

2 mezze costole di agnello

2 cucchiai di olio vegetale

1 spicchio d'aglio, tritato

2 cucchiai di foglie di rosmarino tritate

1 cucchiaio di polline di finocchio

Sale e pepe nero a piacere

½ cucchiaino di pepe di cayenna

Per la decorazione:

8 once di formaggio di capra, sbriciolato

2 once di noci tostate, tritate

3 cucchiai di prezzemolo tritato

## Indicazioni:

Creare un bagno d'acqua, metterlo in Sous Vide e impostare a 134 F. Mescolare gli ingredienti di agnello elencati, tranne l'agnello. Asciugare l'agnello con un tovagliolo di carta e strofinare con la miscela di spezie. La carne viene posta in un sacchetto sottovuoto, l'aria viene rilasciata con il metodo della spremitura ad acqua, chiusa e il sacchetto viene immerso a bagnomaria. Impostare il timer per 4 ore.

Quando il timer si ferma, rimuovi le pecore. Riscaldare la griglia a fuoco alto e aggiungere l'olio. Friggere l'agnello fino a doratura. Taglia le costole tra le ossa. Guarnire con formaggio di capra, noci e prezzemolo. Servire con salsa piccante.

# Spalla di agnello

Tempo di preparazione + cottura: 4 ore 10 minuti | Porzioni: 3

## Ingredienti:

1 chilogrammo di spalla di agnello disossata
Sale e pepe nero a piacere
2 cucchiai di olio d'oliva
1 spicchio d'aglio, schiacciato
1 rametto di timo
1 rametto di salsa

## Indicazioni:

Preparare un bagnomaria e metterci dentro il Sous Vide. Impostare a 145 F. Asciugare le spalle di agnello con salviette di carta e strofinare con pepe e sale.

Mettere l'agnello e gli altri ingredienti elencati in un sacchetto sottovuoto. Rilasciare l'aria utilizzando il metodo di spremitura dell'acqua, sigillare e immergere il sacchetto in un bagno d'acqua. Impostare il timer per 4 ore.

Al termine, rimuovere la busta e trasferire la spalla di agnello sulla teglia. Filtrare i succhi in una casseruola e cuocere a fuoco medio per 2 minuti. Riscaldare la griglia per 10 minuti e grigliare la spalla fino a renderla dorata e croccante. Servire la spalla di agnello e la salsa con verdure al burro.

# Agnello arrosto jalapeño

Tempo di preparazione + cottura: 3 ore | Porzioni: 6

## Ingredienti:

1 cucchiaio e mezzo di olio di canola
1 cucchiaio di semi di senape nera
1 cucchiaino di semi di cumino
Sale e pepe nero a piacere
Cosciotto di agnello al burro da 4 libbre
½ tazza di foglie di menta, tritate
½ tazza di foglie di coriandolo, tritate
1 scalogno, tritato
1 spicchio d'aglio, tritato
2 jalapenos rossi, tritati
1 cucchiaio di aceto di vino rosso
1 cucchiaio e mezzo di olio d'oliva

## Indicazioni:

Metti la padella sul fornello a fuoco basso. Aggiungi ½ cucchiaio di olio d'oliva; dopo il riscaldamento, aggiungere cumino e semi di senape e cuocere per 1 minuto. Spegni il fuoco e trasferisci i semi in una ciotola. Cospargere di sale e pepe nero. Mescolata. Distribuire metà della miscela di spezie all'interno del cosciotto d'agnello e arrotolare. Fissare con lo spago da macellaio ogni 1 pollice.

Condire con sale e pepe e strofinare. Distribuire uniformemente metà della miscela di spezie sulle cosce di agnello, quindi arrotolarle con cura. Create un bagno d'acqua e metteteci dentro il Sous Vide. Impostare a 145 F. Mettere la coscia d'agnello in un sacchetto sigillabile sottovuoto, espellere l'aria usando il metodo di spremitura dell'acqua, sigillare e immergere in un bagno d'acqua. Impostare il timer per 2 ore e 45 minuti e cuocere.

Preparare la salsa; alla miscela di cumino e senape si aggiungono scalogno, coriandolo, aglio, aceto di vino rosso, menta e peperoncino rosso. Mescolare e aggiungere sale e pepe. Accantonare. Quando il timer si ferma, rimuovi e apri il sacchetto. Rimuovere l'agnello e asciugarlo con un tovagliolo di carta.

Aggiungere l'olio di colza alla ghisa, scaldare a fuoco vivo per 10 minuti. Aggiungere l'agnello e friggere su entrambi i lati fino a doratura. Rimuovere lo spago e incidere l'agnello. Servire con salsa.

# Costolette di agnello alla griglia con timo e salvia

Tempo di preparazione + cottura: 3 ore 20 minuti | Porzioni: 6

## ingredienti

6 cucchiai di burro
4 cucchiai di vino bianco secco
4 cucchiai di brodo di pollo
4 rametti di timo fresco
2 spicchi d'aglio, tritati
1½ cucchiaino di salvia fresca tritata
1½ cucchiaini di cumino
6 costolette di agnello
Sale e pepe nero a piacere
2 cucchiai di olio d'oliva

## Manuale di istruzioni

Preparare un bagnomaria e metterci dentro il Sous Vide. Impostato su 134F.

Scaldare una casseruola a fuoco medio e aggiungere il burro, il vino bianco, il brodo, il timo, l'aglio, il cumino e la salvia. Far bollire per 5 minuti. Lascialo raffreddare. Condire l'agnello con sale e pepe.

Mettere in tre sacchetti sottovuoto con la miscela di burro. Rilasciare l'aria utilizzando il metodo di spremitura dell'acqua, sigillare e immergere i sacchetti a bagnomaria. Cuocere per 3 ore.

Al termine, rimuovere l'agnello e asciugarlo con un tovagliolo di carta. Spennellare le costolette con olio d'oliva. Scaldare una padella a fuoco alto e scottare l'agnello per 45 secondi su ciascun lato. Lasciare riposare per 5 minuti.

# Costolette di agnello con chimichurri al basilico

Tempo di preparazione + cottura: 3 ore 40 minuti | Porzioni: 4

## Ingredienti:

<u>Costoletta d'agnello:</u>

3 carré di agnello, francese

3 spicchi d'aglio schiacciati

Sale e pepe nero a piacere

<u>Chimichurri al basilico:</u>

1 ½ tazza di basilico fresco, tritato

2 scalogni di banana, a dadini

3 spicchi d'aglio, tritati

1 cucchiaino di scaglie di peperoncino

½ tazza di olio d'oliva

3 cucchiai di aceto di vino rosso

Sale e pepe nero a piacere

## Indicazioni:

Preparare un bagnomaria e metterci dentro il Sous Vide. Impostare a 140 F. Rastrelliere asciutte con salviette di carta e strofinare con pepe e sale. Mettere la carne e l'aglio in un sacchetto sottovuoto, espellere l'aria con il metodo della spremitura dell'acqua e sigillare il sacchetto. Immergi la borsa a bagnomaria. Impostare il timer per 2 ore e cuocere.

Prepara i chimichurri al basilico: mescola tutti gli ingredienti elencati in una ciotola. Coprire con pellicola trasparente e conservare in frigorifero per 1 ora e 30 minuti. Quando il timer si ferma, rimuovi il sacchetto e aprilo. Rimuovere l'agnello e asciugarlo con un tovagliolo di carta. Friggere fino a doratura. Il basilico chimichurri viene versato sull'agnello. Servito con verdure al vapore.

# Spiedini di agnello Harissa salati

Tempo di preparazione + cottura: 2 ore 30 minuti | Porzioni: 10

## ingredienti

3 cucchiai di olio d'oliva

4 cucchiaini di aceto di vino rosso

2 cucchiai di pasta di peperoncino

2 spicchi d'aglio, tritati

1½ cucchiaino di cumino macinato

1½ cucchiaino di coriandolo macinato

1 cucchiaino di paprika piccante

Aggiungi sale a piacere

1½ kg di agnello disossato, a dadini

1 cetriolo, sbucciato e tritato

Scorza e succo di ½ limone

1 tazza di yogurt alla greca

## Manuale di istruzioni

Preparare un bagnomaria e metterci dentro il Sous Vide. Impostare a 134 F. Mescolare 2 cucchiai di olio d'oliva, aceto, peperoncini, aglio, cumino, coriandolo, paprika e sale. Mettere l'agnello e la salsa in un sacchetto sigillabile sottovuoto. Rilasciare l'aria utilizzando il metodo della spremitura dell'acqua, chiudere e immergere il sacchetto nella vasca da bagno. Cuocere per 2 ore.

Quando il timer si ferma, rimuovi l'agnello e asciugalo con un tovagliolo di carta. Scartare i succhi di cottura. In una piccola ciotola, mescolare il cetriolo, la scorza e il succo di limone, lo yogurt e l'aglio schiacciato. Accantonare. Riempire gli spiedini con l'agnello e arrotolare.

Scaldare l'olio in una padella a fuoco vivo e friggere gli spiedini per 1-2 minuti per lato. Versare sopra la salsa di limone e aglio e servire.

# Maiale alla senape dolce con cipolle croccanti

Tempo di preparazione + cottura: 48 ore 40 minuti | Porzioni: 6

## ingredienti

1 cucchiaio di ketchup
4 cucchiai di senape al miele
2 cucchiai di salsa di soia
2¼ chilogrammi di spalla di maiale
1 cipolla dolce grande, tagliata a rondelle sottili
2 tazze di latte
1½ tazze di farina per tutti gli usi
2 cucchiaini di polvere di cipolla granulare
1 cucchiaino di paprika
Sale e pepe nero a piacere
4 tazze di olio vegetale, per friggere

## Manuale di istruzioni

Preparare un bagnomaria e metterci dentro il Sous Vide. Impostare a 159F.

Mescolare accuratamente la senape, la salsa di soia e il ketchup in una pasta. Spennellare la carne di maiale con la salsa e metterla in un sacchetto sottovuoto. Rilasciare l'aria utilizzando il metodo di spremitura dell'acqua, sigillare e immergere il sacchetto in un bagno d'acqua. Cuocere per 48 ore.

Preparazione delle cipolle: separare gli anelli di cipolla in una ciotola. Versateci sopra il latte e lasciate raffreddare per 1 ora. Unire la farina, la cipolla in polvere e un pizzico di sale e pepe.

Scaldare l'olio in una padella a 375 F. Scolare le cipolle e piegarle nella miscela di farina. Agitare bene e trasferire in padella. Friggerli per 2 minuti o finché non sono croccanti. Trasferire su un vassoio e asciugare con un tovagliolo di carta. Ripetere il processo con le cipolle rimanenti.

Quando il timer si ferma, togliere la carne di maiale e posizionarla su un tagliere e tirare la carne di maiale fino a sminuzzarla. Prenota i succhi di cottura e trasferiscili in una casseruola mentre sono caldi a fuoco medio e cuoci per 5 minuti fino a evaporazione. Servire il maiale con salsa e guarnire con cipolla croccante.

# Deliziose braciole di maiale al basilico e limone

Tempo di preparazione + cottura: 1 ora e 15 minuti | Porzioni: 4

## ingredienti

4 cucchiai di burro
4 braciole di maiale disossate
Sale e pepe nero a piacere
Scorza e succo di 1 limone
2 spicchi d'aglio schiacciati
2 foglie di alloro
1 rametto di basilico fresco

## Manuale di istruzioni

Preparare un bagnomaria e metterci dentro il Sous Vide. Impostare a 141 F. Condire le costolette con sale e pepe.

Metti le costolette con la scorza e il succo di limone, l'aglio, le foglie di alloro, il basilico e 2 cucchiai di burro in un sacchetto sottovuoto. Rilasciare l'aria utilizzando il metodo di spremitura dell'acqua, sigillare e immergere il sacchetto in un bagno d'acqua. Cuocere per 1 ora.

Quando il timer si ferma, rimuovi le costolette e asciugale con un tovagliolo di carta. Prenota le erbe. Riscaldare il burro rimanente in una padella a fuoco medio e friggere per 1-2 minuti su ciascun lato.

# Costolette con salsa cinese

Tempo di preparazione + cottura: 4 ore 25 minuti | Porzioni: 4

ingredienti

1/3 di tazza di salsa hoisin
1/3 di tazza di salsa di soia scura
1/3 di tazza di zucchero
3 cucchiai di miele
3 cucchiai di aceto bianco
1 cucchiaio di pasta di fagioli fermentati
2 cucchiaini di olio di sesamo
2 spicchi d'aglio schiacciati
Pezzo da 1 pollice di zenzero fresco grattugiato
1½ cucchiaino di cinque spezie in polvere
Aggiungi sale a piacere
½ cucchiaino di pepe nero appena macinato
3 chilogrammi di costole posteriori del bambino
Foglie di coriandolo per servire

## Manuale di istruzioni

Preparare un bagnomaria e metterci dentro il Sous Vide. Impostato su 168F.

Mescolare salsa Hoisin, salsa di soia scura, zucchero, aceto bianco, miele, pasta di fagioli, olio di sesamo, cinque spezie in polvere, sale, zenzero, pepe bianco e nero in una ciotola. Tenere da parte 1/3 del composto e lasciarlo raffreddare.

Spennellate le costine con il composto e dividetele in 3 sacchetti sottovuoto. Rilasciare l'aria utilizzando il metodo di spremitura dell'acqua, sigillare e immergere i sacchetti a bagnomaria. Cuocere per 4 ore.

Preriscalda il forno a 400 F. Quando il timer si ferma, rimuovi le costole e spennellale con la miscela rimanente. Trasferire su una teglia e mettere in forno. Cuocere per 3 minuti. Rimuovere e lasciare riposare per 5 minuti. Tagliare la griglia e coprire con coriandolo.

# Stufato di maiale e fagioli

Tempo di preparazione + cottura: 7 ore 20 minuti | Porzioni: 8)

## ingredienti

2 cucchiai di olio vegetale
1 cucchiaio di burro
1 filetto di maiale a fette, a dadini
Sale e pepe nero a piacere
2 tazze di cipolline surgelate
2 grandi pastinache, tritate
2 spicchi d'aglio tritati
2 cucchiai di farina per tutti gli usi
1 bicchiere di vino bianco secco
2 tazze di brodo di pollo
1 lattina di fagioli bianchi, scolati e sciacquati
4 rametti di rosmarino fresco
2 foglie di alloro

## Manuale di istruzioni

Preparare un bagnomaria e metterci dentro il Sous Vide. Impostato su 138F.

Scaldare una padella antiaderente a fuoco alto con burro e olio. Aggiungi il maiale. Condire con pepe e sale. Cuocere per 7 minuti. Aggiungere la cipolla e cuocere per 5 minuti. Mescola l'aglio e il vino in un gorgogliatore. Mescolare i fagioli, il rosmarino, il brodo e le foglie di alloro. Togliere dal fuoco.

Metti la carne di maiale in un sacchetto sigillabile sottovuoto. Rilasciare l'aria utilizzando il metodo di spremitura dell'acqua, sigillare e immergere il sacchetto in un bagno d'acqua. Cuocere per 7 ore. Quando il timer si ferma, rimuovi il sacchetto e trasferiscilo in una ciotola. Guarnire con il rosmarino.

# Sminuzzare le costine di maiale

Tempo di preparazione + cottura: 20 ore 10 minuti | Porzioni: 6

## Ingredienti:

5 lb (2) costole dorsali, rastrelliere complete
½ tazza di miscela di condimento jerk

## Indicazioni:

Crea un bagno d'acqua, mettici dentro il Sous Vide e impostalo a 145 F. Taglia a metà le griglie e cospargi con metà delle spezie. Posizionare i rack in singoli rack sigillati sottovuoto. Rilasciare l'aria utilizzando il metodo di spremitura dell'acqua, sigillare e immergere i sacchetti a bagnomaria. Impostare il timer per 20 ore.

Coprire il bagnomaria con un sacchetto per ridurre l'evaporazione e aggiungere acqua ogni 3 ore per evitare che l'acqua si asciughi. Quando il timer si ferma, rimuovi e apri il sacchetto. Trasferisci le costole su una teglia foderata di alluminio e scalda il pollo a fuoco vivo. Strofina le costine con il condimento rimanente e mettile nella griglia. Cuocere per 5 minuti. Tagliare in singole costole.

# Costolette di maiale al balsamico

Tempo di preparazione + cottura: 1 ora e 15 minuti | Porzioni: 5

## Ingredienti:

2 chilogrammi di braciole di maiale
3 spicchi d'aglio schiacciati
½ cucchiaino di basilico essiccato
½ cucchiaino di timo essiccato
¼ di tazza di aceto balsamico
Sale e pepe nero a piacere
3 cucchiai di olio extravergine di oliva

## Indicazioni:

Preparare un bagnomaria, metterci dentro Sous Vide e impostare a 158 F. Condire le braciole di maiale con sale e pepe; mettere da parte.

In una piccola ciotola, mescola l'aceto con 1 cucchiaio di olio d'oliva, timo, basilico e aglio. Mescolare bene e distribuire uniformemente il composto sulla carne. Mettere in un grande sacchetto sottovuoto e sigillare. Immergere la busta sigillata a bagnomaria e far bollire per 1 ora.

Quando il timer si ferma, rimuovi le braciole di maiale dalla busta e asciugale. Scaldare l'olio d'oliva rimanente in una casseruola media a fuoco alto. Cuocere le costolette per un minuto per lato o fino a doratura. Aggiungere i succhi di cottura e cuocere per 3-4 minuti o fino a quando non si addensa.

# Costolette di maiale disossate con salsa di cocco e arachidi

Tempo di preparazione + cottura: 8 ore 30 minuti | Porzioni: 3

## Ingredienti:

½ tazza di latte di cocco
2½ cucchiai di burro di arachidi
2 cucchiai di salsa di soia
1 cucchiaio di zucchero
3 pollici di citronella fresca
1 cucchiaio e mezzo di salsa al pepe
1 ½ pollice di zenzero, sbucciato
3 spicchi d'aglio
2½ cucchiaini di olio di sesamo
Costine di maiale disossate da 13 once

## Indicazioni:

Preparare un bagnomaria e metterci dentro il Sous Vide. Impostare a 135 F. Frullare tutti gli ingredienti elencati tranne le costolette di maiale e il coriandolo in un frullatore fino a che liscio.

Mettere le costine in un sacchetto sottovuoto e aggiungerle alla salsa. Rilasciare l'aria utilizzando il metodo di compressione dell'acqua e sigillare il sacchetto. Mettere a bagnomaria e impostare il timer per 8 ore.

Quando il timer si ferma, estrai il sacchetto, aprilo e rimuovi le costine. Trasferire in un piatto e tenere al caldo. Metti la padella a fuoco medio e versa la salsa dal sacchetto. Cuocere per 5 minuti, abbassare la fiamma e cuocere per 12 minuti.

Aggiungere le costine e coprire con la salsa. Cuocere a fuoco lento per 6 minuti. Servito con verdure al vapore.

# Filetto di maiale al lime e aglio

Tempo di preparazione + cottura: 2 ore 15 minuti | Porzioni: 2

## Ingredienti:

2 cucchiai di aglio in polvere

2 cucchiai di cumino macinato

2 cucchiai di timo essiccato

2 cucchiai di rosmarino essiccato

1 pizzico di sale marino lime

2 (3 libbre) di filetto di maiale, cotenna d'argento rimossa

2 cucchiai di olio d'oliva

3 cucchiai di burro non salato

## Indicazioni:

Crea un bagno d'acqua, mettilo in Sous Vide e imposta a 140 F. Aggiungi cumino, aglio in polvere, timo, sale di lime, rosmarino e sale di lime in una ciotola e mescola fino a che liscio. Spennellare il maiale con olio d'oliva e cospargere con sale e miscela di erbe aromatiche.

Metti la carne di maiale in due sacchetti separati sottovuoto. Rilasciare l'aria utilizzando il metodo di spremitura dell'acqua e sigillare i sacchetti. Immergere a bagnomaria e impostare il timer per 2 ore.

Quando il timer si ferma, rimuovi e apri il sacchetto. Rimuovere la carne di maiale e asciugarla con un tovagliolo di carta. Scartare il succo in un sacchetto. Scaldare una padella di ghisa a fuoco alto e aggiungere il burro. Aggiungere il maiale e friggere fino a doratura. Lascia riposare il maiale su un tagliere. Tagliarli in medaglioni da 2 pollici.

# Costolette di maiale alla griglia

Tempo di preparazione + cottura: 1 ora e 10 minuti | Porzioni: 4

Ingredienti:

Costine di maiale da 1 libbra
1 cucchiaino di aglio in polvere
Sale e pepe nero a piacere
1 tazza di salsa barbecue

Indicazioni:

Creare un bagno d'acqua, metterci dentro il Sous Vide e impostarlo a 140 F. Condire le costine di maiale con sale e pepe, metterle in un sacchetto sottovuoto, far uscire l'aria e sigillarlo. Mettere in acqua e impostare il timer per 1 ora.

Quando il timer si ferma, rimuovi e apri il sacchetto. Rimuovere le costole e ungere con salsa barbecue. Accantonare. Riscalda la griglia. Quando le costine sono calde, friggere per 5 minuti su tutti i lati. Servito con una salsa a scelta.

# Filetto d'acero con mela fritta

Tempo di preparazione + cottura: 2 ore 20 minuti | Porzioni: 4

## ingredienti

1 kg di filetto di maiale
1 cucchiaio di rosmarino fresco, tritato
1 cucchiaio di sciroppo d'acero
1 cucchiaino di pepe nero
Aggiungi sale a piacere
1 cucchiaio di olio d'oliva
1 mela a cubetti
1 scalogno piccolo, affettato sottilmente
¼ tazza di brodo vegetale
½ cucchiaino di sidro di mele

## Manuale di istruzioni

Preparare un bagnomaria e metterci dentro il Sous Vide. Impostare a 135 F. Rimuovere la pelle dal filetto e tagliarla a metà. Unire il rosmarino, lo sciroppo d'acero, il pepe macinato e 1 cucchiaio di sale. Cospargere il filetto. Mettere in un sacchetto sottovuoto. Rilasciare l'aria utilizzando il metodo di spremitura dell'acqua, sigillare e immergere il sacchetto in un bagno d'acqua. Cuocere per 2 ore.

Quando il timer si ferma, rimuovi il sacchetto e asciugalo. Prenota i succhi di zuppa. Scaldare l'olio d'oliva in una padella a fuoco medio e friggere il filetto per 5 minuti. Accantonare.

Ridurre il fuoco e aggiungere la mela, il rametto di rosmarino e lo scalogno. Cospargere di sale e friggere per 2-3 minuti fino a doratura. Aggiungere l'aceto, il brodo e i succhi di zuppa. Cuocere a fuoco basso per altri 3-5 minuti. Tagliare il filetto a medaglioni e servire con il composto di mele.

# Pancia di maiale alla paprika affumicata

Tempo di preparazione + cottura: 24 ore 15 minuti | Porzioni: 8

## Ingredienti:

1 chilogrammo di pancetta di maiale
½ cucchiaio di paprika affumicata
½ cucchiaino di aglio in polvere
1 cucchiaino di coriandolo
½ cucchiaino di scaglie di peperoncino
Sale e pepe nero a piacere

## Indicazioni:

Preparare un bagnomaria e metterci dentro il Sous Vide. Impostare a 175 F. Unire tutte le spezie in una piccola ciotola e strofinare questa miscela nella pancetta di maiale. Mettere il composto in un sacchetto sottovuoto. Rilasciare l'aria utilizzando il metodo di spremitura dell'acqua, sigillare e immergere il sacchetto in un bagno d'acqua. Impostare il timer per 24 ore.

A cottura ultimata, togliete il sacchetto e versate il liquido di cottura nella pentola e adagiate la pancetta su un piatto. Bollire il liquido di cottura fino a ridurlo della metà. Versare sopra il maiale e servire.

# Maiale Tacos Carnitas

Tempo di preparazione + cottura: 3 ore 10 minuti | Porzioni: 4

## Ingredienti:

2 chilogrammi di spalla di maiale
3 spicchi d'aglio, tritati
2 foglie di alloro
1 cipolla, tritata
Sale e pepe nero a piacere
Tortillas di mais

## Indicazioni:

Preparare un bagnomaria e metterci dentro il Sous Vide. Impostare a 185F.

Nel frattempo, mescolare tutte le spezie e strofinare il composto sulla carne di maiale. Mettilo in un sacchetto sottovuoto con foglie di alloro, cipolle e aglio. Rilasciare l'aria utilizzando il metodo di spremitura dell'acqua, sigillare e immergere il sacchetto in un bagno d'acqua. Impostare il timer per 3 ore.

Una volta fatto, trasferiscilo su un tagliere e sminuzzalo con 2 forchette. Dividere tra tortillas di mais e servire.

# Delizioso maiale con glassa di senape e melassa

Tempo di preparazione + cottura: 4 ore 15 minuti | Porzioni: 6

## ingredienti

2 chilogrammi di filetto di maiale
1 foglia di alloro
3 once di melassa
½ oz di salsa di soia
½ oz miele
Succo di 2 limoni
2 strisce di scorza di limone
4 cipolle tritate
½ cucchiaino di aglio in polvere
¼ di cucchiaino di senape di Digione
¼ di cucchiaino di pimento macinato
Patatine di mais schiacciate da 1 oncia

## Manuale di istruzioni

Preparare un bagnomaria e metterci dentro il Sous Vide. Impostare a 142F.

Mettere il filetto di maiale e la foglia di alloro in un sacchetto sottovuoto. Aggiungere la melassa, la salsa di soia, la scorza di limone, il miele, la cipolla, l'aglio in polvere, la senape e il pimento e agitare bene. Rilasciare l'aria utilizzando il metodo di spremitura dell'acqua, sigillare e immergere il sacchetto in un bagno d'acqua. Cuocere per 4 ore.

Quando il timer si ferma, rimuovi il sacchetto. Versare il composto rimanente in una pentola e portare a ebollizione. Servire il maiale con la salsa e cospargere con patatine di mais schiacciate. Guarnire con cipolle verdi.

# Collo di maiale fritto

Tempo di preparazione + cottura: 1 ora e 20 minuti | Porzioni: 8

## Ingredienti:

2 chili di collo di maiale, disossato e tagliato in 2 pezzi
4 cucchiai di olio d'oliva
2 cucchiaini di salsa di soia
2 cucchiai di salsa barbecue
½ cucchiaio di zucchero
4 rametti di rosmarino, foglie rimosse
4 rametti di timo, foglie rimosse
2 spicchi d'aglio, tritati
Sale e pepe bianco a piacere
¼ di cucchiaino di scaglie di paprika

## Indicazioni:

Crea un bagno d'acqua, mettici dentro il Sous Vide e impostalo a 140 F. Strofina il maiale con sale e pepe. Mettere la carne in due buste separate sottovuoto, far uscire l'aria e sigillarle. Mettere a bagnomaria e impostare il timer per 1 ora.

Quando il timer si ferma, rimuovi e apri i sacchetti. Mescolare il resto degli ingredienti elencati. Preriscaldare il forno a 425 F. Mettere la carne di maiale nella teglia e strofinare abbondantemente la carne di maiale con salsa di soia. Cuocere in forno per 15 minuti. Lasciare raffreddare la carne di maiale prima di affettarla. Servito con verdure al vapore.

# Costolette di maiale

Tempo di preparazione + cottura: 12 ore 10 minuti | Porzioni: 4

## Ingredienti:

1 carré di costine di maiale
2 cucchiai di zucchero di canna
½ tazza di salsa barbecue
1 cucchiaio di aglio in polvere
2 cucchiai di paprika
Sale e pepe nero a piacere
1 cucchiaio di cipolla in polvere

## Indicazioni:

Preparare un bagnomaria e metterci dentro il Sous Vide. Impostare a 165 F. Mettere la carne di maiale e le spezie in un sacchetto sigillabile sottovuoto. Rilasciare l'aria utilizzando il metodo di spremitura dell'acqua, sigillare e immergere il sacchetto in un bagno d'acqua. Impostare il timer per 12 ore.

Quando il timer si ferma, rimuovi le costine dal sacchetto e spennellale con salsa barbecue. Avvolgere in un foglio di alluminio e metterlo sotto la griglia per qualche minuto. Servire subito.

# Costolette di maiale al timo

Tempo di preparazione + cottura: 70 minuti | Porzioni: 4

## Ingredienti:

4 braciole di maiale

2 cucchiaini di timo fresco

1 cucchiaio di olio d'oliva

Sale e pepe nero a piacere

## Indicazioni:

Preparare un bagnomaria e metterci dentro il Sous Vide. Impostare su 145 F. Unire carne di maiale e altri ingredienti in un sacchetto sottovuoto. Rilasciare l'aria utilizzando il metodo di spremitura dell'acqua, sigillare e immergere il sacchetto in un bagno d'acqua. Impostare il timer per 60 minuti. Al termine, rimuovere la busta e friggere in padella per alcuni secondi su ciascun lato per servire.

# Polpette di maiale

Tempo di preparazione + cottura: 75 minuti | Porzioni: 6

## Ingredienti:

2 chilogrammi di carne di maiale macinata
½ tazza di pangrattato
1 uovo
1 cucchiaino di paprika
Sale e pepe nero a piacere
1 cucchiaio di farina
2 cucchiai di burro

## Indicazioni:

Preparare un bagnomaria e metterci dentro il Sous Vide. Impostare a 140 F. Unire carne di maiale, uova, paprika, farina e sale. Formare delle polpette e metterle ciascuna in un piccolo sacchetto sigillabile sottovuoto. Rilasciare l'aria utilizzando il metodo di spremitura dell'acqua, sigillare e immergere il sacchetto in un bagno d'acqua. Impostare il timer per 60 minuti.

Quando il timer si ferma, rimuovi il sacchetto. Sciogli il burro in una casseruola a fuoco medio. Coprire le polpette con le briciole e friggere fino a doratura su tutti i lati. Servire e gustare.

# Braciole di salvia e sidro

Tempo di preparazione + cottura: 70 minuti | Porzioni: 2

## Meingredienti

2 braciole di maiale
1 rametto di rosmarino tritato
Sale e pepe nero a piacere
1 spicchio d'aglio tritato
1 tazza di sidro duro, diviso
1 cucchiaino di salvia
1 cucchiaio di olio vegetale
1 cucchiaio di zucchero

## Manuale di istruzioni

Preparare un bagnomaria e metterci dentro il Sous Vide. Impostato su 138F.

Mescolare sale, pepe, salvia, rosmarino e aglio in una ciotola. Strofinare le braciole con questa miscela e metterle in un sacchetto sigillabile sottovuoto. Aggiungi 1/4 di tazza di sidro duro. Rilasciare l'aria utilizzando il metodo di spremitura dell'acqua, sigillare e immergere il sacchetto in un bagno d'acqua. Cuocere per 45 minuti.

Quando hai finito, rimuovi la borsa. Scaldare l'olio in una padella a fuoco medio e friggere le verdure. Aggiungere le costolette e friggere fino a doratura. Lasciare riposare per 5 minuti. Versare i succhi di cottura nella padella insieme a 1 tazza di sidro e allo zucchero. Continuare a mescolare fino a quando non si scioglie. Per servire, guarnire le costolette con la salsa.

# Filetto al rosmarino

Tempo di preparazione + cottura: 2 ore 15 minuti | Porzioni: 4

## Ingredienti:

1 kg di filetto di maiale
2 spicchi d'aglio
2 rametti di rosmarino
1 cucchiaio di rosmarino essiccato
Sale e pepe nero a piacere
1 cucchiaio di olio d'oliva

## Indicazioni:

Preparare un bagnomaria e metterci dentro il Sous Vide. Impostare a 140 F. Condire la carne con sale, rosmarino e pepe e metterla in un sacchetto sigillabile sottovuoto con l'aglio e il rametto di rosmarino. Rilasciare l'aria utilizzando il metodo di spremitura dell'acqua, sigillare e immergere il sacchetto in un bagno d'acqua. Impostare il timer per 2 ore.

Quando il timer si ferma, rimuovi il sacchetto. Scaldare l'olio in una padella a fuoco medio. Friggere la carne per circa 2 minuti su ciascun lato.

# Pancetta alla paprika con cipolline

Tempo di preparazione + cottura: 1 ora e 50 minuti | Porzioni: 4

## ingredienti

1 chilogrammo di cipolline, sbucciate

4 fette di pancetta sbriciolata e cotta

1 cucchiaio di timo

1 cucchiaino di paprika

## Manuale di istruzioni

Preparare un bagnomaria e metterci dentro il Sous Vide. Impostare a 186 F. Mettere la pancetta, le cipolline, il timo e la paprika in un sacchetto sigillabile sottovuoto. Rilasciare l'aria utilizzando il metodo di spremitura dell'acqua, sigillare e immergere il sacchetto nella vasca da bagno. Cuocere per 90 minuti. Una volta fatto, rimuovere la busta ed eliminare i succhi di cottura.

# Braciole di maiale al pomodoro con purè di patate

Tempo di preparazione + cottura: 5 ore 40 minuti | Porzioni: 4

## ingredienti

1 chilogrammo di braciole di maiale senza pelle
Sale e pepe nero a piacere
1 tazza di brodo di manzo
½ tazza di salsa di pomodoro
1 gambo di sedano, tagliato a cubetti da 1 pollice
1 quarto di scalogno
3 rametti di timo fresco
1 oncia di purè di patate rosse

## Manuale di istruzioni

Preparare un bagnomaria e metterci dentro il Sous Vide. Impostato su 182F.

Condire le costolette con sale e pepe, quindi metterle in un sacchetto sigillabile sottovuoto. Aggiungere la salsa di pomodoro, lo scalogno, il whisky, il sedano e il timo. Rilasciare l'aria utilizzando il metodo di spremitura dell'acqua, sigillare e immergere il sacchetto in un bagno d'acqua. Cuocere per 5 ore.

Quando il timer si ferma, rimuovere le costolette e trasferirle in un piatto. Prenota i liquidi di cottura. Riscaldare la pentola a fuoco alto e versare il succo sgocciolato; Lascia bollire. Ridurre il fuoco e cuocere a fuoco lento per 20 minuti. Quindi aggiungere le costolette e saltare per altri 2-3 minuti. Servire con purè di patate.

www.ingramcontent.com/pod-product-compliance
Lightning Source LLC
Chambersburg PA
CBHW071430080526
44587CB00014B/1783